NOUVELLE ÉDITION

Les parcours pros

1re-Tle BAC PRO

Région Occitanie
Pyrénées - Méditerranée

Économie Droit

Modules 3, 4 et 5

Ouvrage coordonné par Lucas Sanz Ramos
Inspecteur d'économie-gestion, académie de Bordeaux

Dominique Audrain
Professeur d'économie-gestion, académie d'Orléans-Tours

Anne Boulay
Professeure d'économie-gestion, académie de Reims

Louis Vallat
Professeur d'économie-gestion, académie de Lyon

Marjolaine Jaubert
Professeure d'économie-gestion, formatrice académique et référente numérique, académie de Bordeaux

Hayet Masrour
Professeure d'économie-gestion, académie de Créteil

Cécile Ravel
Professeure d'économie-gestion, académie de Bordeaux

Cédric Vazia
Professeur d'économie-gestion, académie de Montpellier

Dorothée Mouveaux-Vazia
Professeure d'économie-gestion, académie de Montpellier

Vous utilisez un **Manuel connecté Delagrave**, qui propose des **liens hypertextes (accessibles ou non avec un QR code)** permettant d'accéder en ligne à des ressources numériques complémentaires.
Les éditions Delagrave font leurs meilleurs efforts pour sécuriser la consultation et l'utilisation des ressources en ligne qu'elles éditent, produisent ou hébergent, conformément aux règles d'usages de l'Internet. Delagrave ne saurait être tenu responsable des interruptions de service dues aux caractéristiques et limites du réseau Internet. L'accès aux ressources associées au Manuel connecté Delagrave est garanti pour une période maximum de deux ans, à compter de la date de parution de cet ouvrage indiquée en page 3 (copyright). Au terme de cette période, l'utilisateur du Manuel connecté Delagrave ne saurait exiger le maintien du service proposé.

DELAGRAVE

SOMMAIRE

MODULE 3
La production : quelles évolutions ?

MODULE 4
L'État : quel rôle dans l'activité économique ?

Éditions Delagrave, 5 allée de la 2e D.B. - 75015 Paris
www.editions-delagrave.fr
ISBN : 978-2-206-31007-7

MODULE 5
Le travail : quelles mutations ?

ESCAPE GAME

Nouveauté 2022

Deviens influenceur(euse) en économie-droit et combats les *fake news* !

Mission 45 min.

Tu es invité(e) à bord d'un vol de recrutement pour devenir influenceur ou influenceuse en économie-droit. Tu es en concurrence avec de nombreux autres candidat(e)s. La personne qui aura su déceler toutes les *fake news* des principaux réseaux sociaux ira au bout de ce vol : les autres devront sauter en parachute.

Pour cela, récupère à la fin de chaque mission la lettre qui te permettra de déverrouiller le coffre dans lequel se trouve ton contrat avec des avantages prestigieux.

À toi de jouer !

Révise en jouant !

- Le joueur ou la joueuse devra réussir 8 missions correspondant à chaque fois à un réseau social différent.
- C'est l'occasion d'utiliser tes connaissances en économie-droit pour identifier les *fake news*.

Accède à ton escape game dès maintenant !

www.lienmini.fr/31007escape2

RESSOURCES NUMÉRIQUES

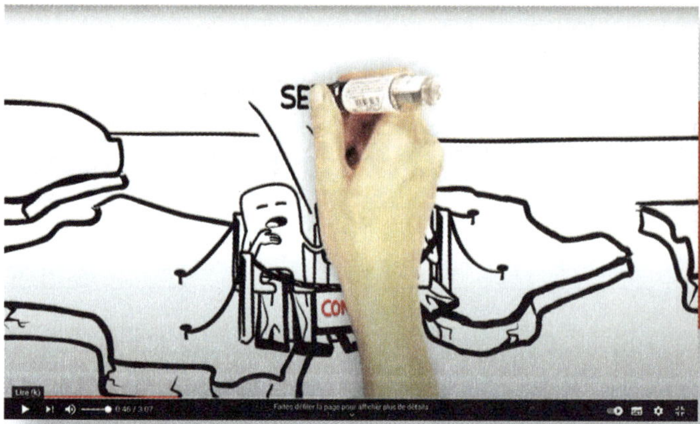

42 vidéos
pour découvrir autrement les notions du programme

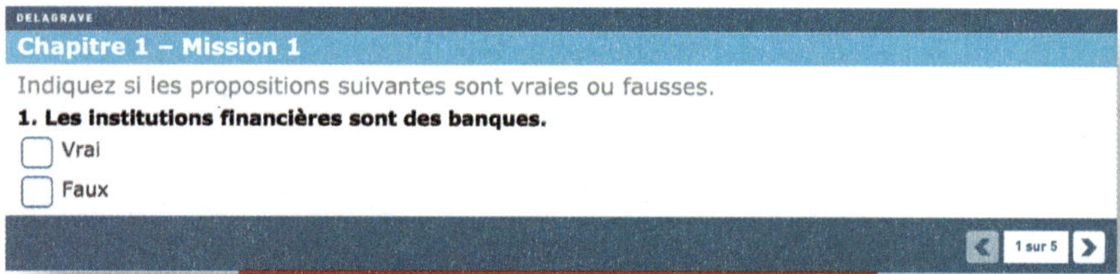

8 QCM
autocorrectifs pour tester tes connaissances

17 podcasts
pour réviser en écoutant

8 sketchnotes
sur mesure :
la synthèse dessinée du chapitre en vidéo

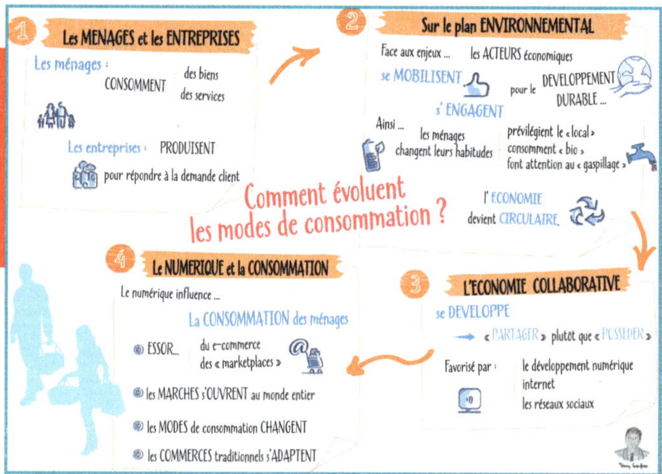

Et aussi…

- 8 vidéos interactives
- 7 tutos vidéos méthode
- Des ressources PDF

Plus de 80 ressources numériques en accès gratuit pour tous !

Comment y accéder ?

- Depuis une tablette ou un smartphone en scannant le QRcode
- Depuis un ordinateur en saisissant le lienmini dans un navigateur
- Directement depuis le manuel numérique

SOMMAIRE

+ La méthode en vidéo

7 vidéos à retrouver sur les rabats de couverture

1 Économie

Quels sont les choix de l'entreprise en matière de production ?

Capacités

- Identifier les facteurs de production et leur combinaison.
- Expliquer le choix d'une combinaison productive.
- Expliquer les raisons du recours à l'externalisation.

Notions abordées

- Facteurs de production
- Combinaison des facteurs de production
- Progrès technique
- Investissement
- Valeur ajoutée
- Productivité
- Risques
- Profit
- Externalisation

SITUATION PROFESSIONNELLE

Vous réalisez actuellement votre PFMP au sein du service commercial de l'usine Michelin, située à Cholet (Maine-et-Loire).
Patrick Melouki, le directeur de la production, vous accueille dans son service. Il vous demande de travailler sur l'organisation de la production de l'entreprise Michelin. Vous pourrez ainsi expliquer les choix de l'entreprise auprès des clients qui vous interrogeront à ce sujet à l'aide d'une infographie que vous aurez réalisée.

VIDÉO

Dans les coulisses de l'usine de Cholet 2'45

www.lienmini.fr/ed31007michelin

Je découvre la question

Choix : décisions prises entre plusieurs possibilités/plusieurs solutions possibles.

Quels sont les choix de l'entreprise en matière de production ?

Production : ensemble des moyens qui aboutissent à la création d'un bien ou d'un service, sur une période donnée ou au cours d'un cycle de fabrication.

Entreprise : organisation créée dans la perspective de produire et de fournir des biens et/ou des services à des personnes, physiques ou morales, et ainsi de créer de la richesse pour dégager un profit.

Reformulation de la problématique

Quelles solutions s'offrent à l'entreprise pour combiner ses facteurs de production afin d'obtenir une productivité optimale pour augmenter ses profits ?

Et vous ?

Votre entreprise de PFMP a-t-elle modifié l'organisation de sa production pour réaliser davantage de profits ?

Mes missions

Mes missions

Mission 1 Identifier les facteurs de production et leur combinaison

Patrick Melouki vous fait visiter l'usine Michelin avec ses facteurs de production.

ACTIVITÉ 1 Quels sont les différents facteurs de production ?

(DÉFINITIONS)

Facteurs de production : éléments de base nécessaires à la production.

Production : ensemble des biens et des services produits par une entreprise.

Et vous ?

Dans le cadre de votre PFMP, citez les différents facteurs de production que vous avez rencontrés.

DOC 1 Les facteurs de production utilisés pour fabriquer des pneus Michelin

Étape n° 1 : Recherche et innovation réalisées par les ingénieurs du bureau d'études.

Étape n° 2 : Mélangeage des 200 matières premières pour obtenir la gomme et passage sous les presses industrielles.

Étape n° 3 : Confection et de finition du pneu sur chaîne de production robotisée, programmée par les techniciens qualifiés.

Étape n° 4 : Contrôle de la chaîne de production par le superviseur, grâce à un nouveau logiciel de gestion de la production.

Étape n° 5 : Inspection de chaque pneu par les contrôleurs qualité.

Étape n° 6 : Distribution en magasin réalisée par des vendeurs spécialisés.

Delagrave, 2022.

1 À partir du DOC. 1, retrouvez les facteurs de production présents dans l'entreprise Michelin.

<table>
<tr><th colspan="2">Les différents facteurs de production</th><th>Exemples chez Michelin</th></tr>
<tr><td colspan="2">Les matières premières sont utiles à la fabrication des produits et des services.</td><td>……………………</td></tr>
<tr><td colspan="2">Le facteur travail rassemble tous les moyens humains qui participent à la production de biens et de services.</td><td>……………………</td></tr>
<tr><td rowspan="2">Le facteur capital regroupe les moyens de production nécessaires à la fabrication des produits.</td><td>Le capital technique/matériel désigne les ressources matérielles utilisées pour plusieurs cycles de production.</td><td>……………………</td></tr>
<tr><td>Le capital immatériel couvre les investissements réalisés pour former les employés, l'achat de logiciels, la conception de nouveaux produits.</td><td>……………………</td></tr>
</table>

ACTIVITÉ 2 Comment qualifier la combinaison des facteurs de production ?

DÉFINITION

Profit : gain financier obtenu d'une opération économique. Typiquement, la différence entre le revenu de la vente d'un produit et le coût de sa production.

COMPRENDRE L'**objectif premier** d'une entreprise est de **générer des profits**. Elle utilise pour cela des facteurs de production pour créer ses biens et/ou ses services. Une bonne **combinaison de ces facteurs** lui permet de maximiser ses profits.

2 Identifiez dans le DOC. 1 une étape de la production des pneus représentant une combinaison capitalistique et une évoquant la combinaison travaillistique. Justifiez votre réponse.

Type de combinaison des facteurs de production	N° photo et étape de production	Justification
Capitalistique (le facteur capital est le plus important)	....	....
Travaillistique (le facteur travail est le plus important)	....	....

3 Complétez : L'entreprise détermine une combinaison productive afin de ....

....

Je fais le point

Podcast
www.lienmini.fr/ed31007podcast01

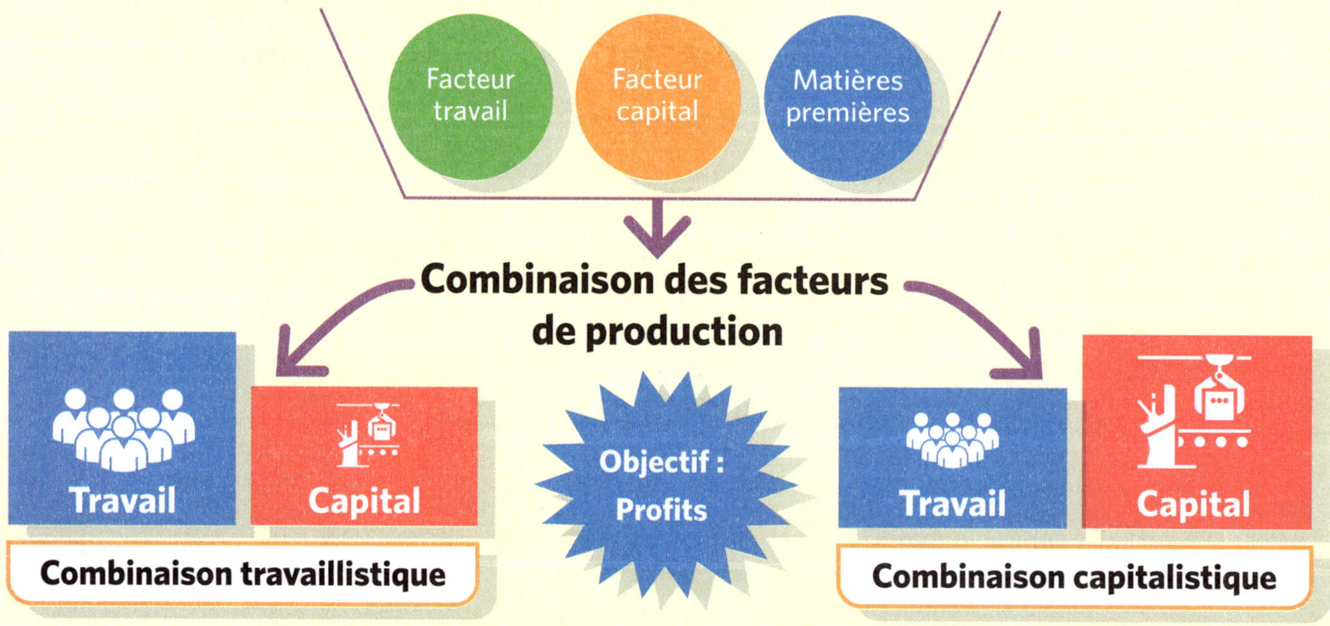

Mes missions

Mission 2 Expliquer le choix d'une combinaison productive

ACTIVITÉ 1 Comment mesurer la création de richesses ?

Patrick Melouki vous explique que l'objectif de l'entreprise Michelin est de créer des richesses grâce à la combinaison des facteurs de production. Cette richesse est mesurée par un indicateur : la valeur ajoutée.

DOC 2 La valeur ajoutée

La **valeur ajoutée (VA)** est un **indicateur économique** qui mesure le supplément de valeur qu'une entreprise, grâce à son activité, est capable d'apporter à un bien ou à un service provenant d'un tiers (son fournisseur). La valeur ajoutée sert de base au calcul de la TVA.
Pour calculer la valeur ajoutée, les entreprises doivent soustraire les consommations intermédiaires à leur chiffre d'affaires.

www.insee.fr

DÉFINITION

Consommations intermédiaires : biens et services que l'entreprise achète et qu'elle va consommer ou transformer pour produire.

VIDÉO Le calcul de la valeur ajoutée 1'22
www.lienmini.fr/ed31007va

4 Rappelez le rôle de la valeur ajoutée.

....

5 Indiquez, à l'aide du DOC. **2**, le calcul de la valeur ajoutée.

....

6 Calculez la valeur ajoutée de Michelin entre 2017 et 2020.

Année	2017	2018	2019	2020
Chiffre d'affaires	21 960	22 028	24 135	20 469
Consommations intermédiaires	17 125	17 055	19 124	15 431
Calcul de la valeur ajoutée	....	....	....	....

Chiffres exprimés en millions d'euros

COMPRENDRE Le **taux d'évolution** permet de quantifier l'évolution d'une grandeur numérique entre deux dates. Si cette grandeur passe d'une valeur de départ (VD) à une valeur d'arrivée (VA), le taux d'évolution est donné en pourcentage par la formule : **[(VA-VD)/VD] × 100**.

7 À partir du tableau précédent, calculez le taux d'évolution de la valeur ajoutée de Michelin.

Années	2017/2018	2018/2019	2019/2020	Évolution sur 3 ans
Taux d'évolution	....	....	....	....

ACTIVITÉ 2 Comment une entreprise peut-elle gagner en productivité ?

Patrick Melouki vous explique que Michelin a pour projet de moderniser l'entreprise en modifiant la combinaison productive pour gagner en compétitivité et en rentabilité.

COMPRENDRE La **productivité** mesure l'efficacité de la combinaison productive. Grâce aux **gains de productivité**, les entreprises améliorent leur compétitivité et leur rentabilité.

DOC 3 La productivité

Mesure de la productivité

- **En volume** : Quantité de biens produits par rapport au nombre de salariés
- **En valeur** : Valeur de la production (en euros) par rapport au nombre de salariés

Delagrave, 2022.

(DÉFINITIONS)

Gain de productivité : amélioration de la productivité de l'entreprise.
Compétitivité : pour une entreprise, c'est bénéficier d'un rapport qualité-prix intéressant, tout en maintenant des profits.
Rentabilité : performance économique de l'entreprise. Elle est calculée en mesurant les profits réalisés par rapport aux coûts de production.

8 Calculez, pour chaque combinaison productive, le coût de production pour 1 000 pneus 3D métal en complétant le tableau ci-dessous.

	Combinaison actuelle	Combinaison future	
		Choix n° 1	Choix n° 2
Unités de facteur capital nécessaires	10	9	12
Unités de facteur travail nécessaires	10 salariés	15 salariés	2 salariés
Coût des matières premières	5 000 €	....	....
Coût unité de capital = 10 000 €	10 × 10 000 € = 100 000 €	....	....
Coût unité de travail (d'un salarié) = 3 000 €	10 × 3 000 € = 30 000 €	....	....
Coût total pour 1 000 pneus	135 000 €	....	....
Coût de production pour 1 pneu	135 €	....	....

9 Déterminez la combinaison future que devrait choisir l'entreprise pour améliorer sa rentabilité. Justifiez ce choix de production.

....

....

10 Actuellement, le concurrent direct de Michelin fabrique son pneu pour un coût de production de 133 €. Précisez si Michelin va gagner en compétitivité par rapport à son concurrent.

....

....

ACTIVITÉ 3 Pourquoi innover et investir ?

Patrick Melouki vous explique que Michelin doit toujours innover et rester ainsi à la pointe du progrès technique pour être le premier à concevoir de nouveaux produits et générer ainsi des profits.

COMPRENDRE Les choix liés à la combinaison des facteurs de production peuvent être faits en fonction du coût des facteurs mais aussi de l'introduction du **progrès technique** dans le processus de production.

DÉFINITIONS

Innovation : création ou amélioration technique des produits.

Progrès technique : ensemble des innovations permettant d'améliorer l'efficacité du système productif afin de créer de nouveaux produits ou de nouveaux procédés commerciaux.

DOC 4 Michelin lance le pneu sans air

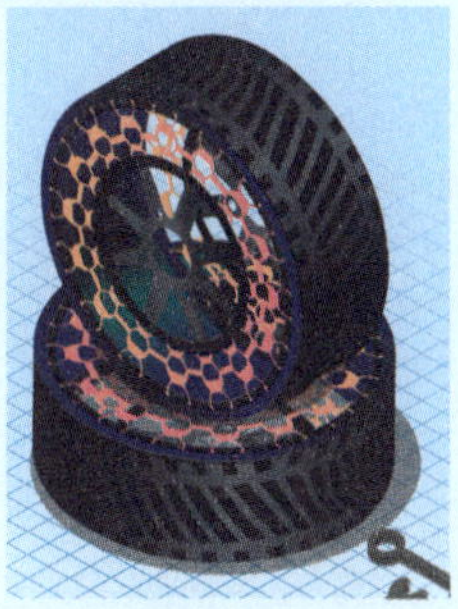

Michelin innove de nouveau et présente une nouvelle génération de pneus « airless » (sans air comprimé) pour les voitures.

Le prototype Uptis représente une étape décisive dans la concrétisation du concept Vision de Michelin, présenté lors du sommet « Movin'On » en 2017 pour illustrer la stratégie de recherche et développement de Michelin en matière de mobilité durable. Le concept Vision repose sur quatre grands piliers principaux d'innovation : « Airless », « Connecté », « Imprimable en 3D » et « 100 % Durable » (matériaux entièrement renouvelables [...]).

trm24.fr, 2 avril 2021.

En 2019, Michelin remporte trois prix prestigieux grâce à son pneu increvable.
Ces trois prix récompensent des années de recherche pour Michelin et le dépôt de plus de 50 brevets.
Ce travail est **l'aboutissement des recherches et des investissements**.
Michelin investit 600 millions chaque année en R&D.

VIDÉO Le pneu sans air 1'25
www.lienmini.fr/ed31007airless

11 Citez les innovations du prototype Uptis sur lequel Michelin travaille.

....

12 Déterminez l'intérêt pour Michelin d'innover dans de nouveaux produits.

....

....

DOC 5 Entretien avec Patrick Melouki

Vous : Quels sont les différents investissements réalisés par Michelin ?

Patrick Melouki : Michelin, comme toutes les entreprises, peut réaliser des investissements en matériel de production. Ce sont des ***investissements de remplacement*** qui permettent de remplacer du capital fixe (ex. investir dans de nouvelles machines) ou des ***investissements de productivité*** qui permettent de diminuer les coûts de production en remplaçant le facteur travail par le facteur capital (ex. investir dans une chaîne robotisée).

DÉFINITIONS

Investissement : dépense immédiate qui permet de maintenir ou d'accroître le potentiel de production et/ou de diminuer les coûts.

DOC 5 Entretien avec Patrick Melouki (suite)

Vous : Existe-t-il d'autres investissements ?
Patrick Melouki : Oui, il y a les ***investissements de capacité.*** Ils permettent d'augmenter les capacités de production comme par exemple, investir dans une machine qui produit plus vite. Les ***investissements immatériels***, eux, représentent toutes les dépenses en recherche et développement, en logiciels et en formation. Ces investissements permettent à l'entreprise de gagner en productivité et en compétitivité.

Delagrave, 2022.

13 Caractérisez chaque type d'investissement envisagé par Michelin pour concevoir et vendre les nouveaux pneus, en vous aidant du DOC. 5.

Investissements N + 1	Type d'investissement
Achat d'une chaîne de malaxage plus moderne et plus rapide.	
Frais de formation du responsable de production.	
Achat d'une imprimante 3D métal pour concevoir les nouveaux pneus « airless ».	
Achat d'un scanner laser pour pallier le départ à la retraite de contrôleurs qualité.	
Formation des vendeurs pour vendre les nouveaux pneus.	

14 Précisez si les investissements correspondent au développement du pneu « airless ».

Et vous ?
Pouvez-vous énoncer des investissements réalisés dans votre entreprise de PFMP ?

Je fais le point

Podcast
www.lienmini.fr/ed31007podcast02

Les raisons guidant le choix d'une combinaison productive

- Augmenter les richesses produites par l'entreprise → Mesurées par la valeur ajoutée (valeur de la production - consommations intermédiaires)
- Rechercher la combinaison productive optimale pour gagner en productivité → Améliorer la rentabilité des entreprises ; Améliorer la compétitivité des entreprises
- Maintenir l'outil de production à la pointe du progrès technique → Investir ; Innover

Mes missions

Mission 3 Expliquer les raisons du recours à l'externalisation

Patrick Melouki vous explique que, dans certaines situations, l'entreprise Michelin a recours à l'externalisation de sa production. Il vous demande d'analyser ce concept et les choix réalisés par Michelin.

ACTIVITÉ 1 Pourquoi recourir à l'externalisation ?

DÉFINITIONS

Il existe deux types **d'externalisation** (*outsourcing*) :
- **la sous-traitance :** transfert d'activités d'une entreprise vers un prestataire externe spécialisé appelé le sous-traitant ;
- **la délocalisation :** transfert d'un service ou de production (tout ou partie) vers des pays où le coût de production est plus bas, généralement des pays éloignés où la main-d'œuvre est peu chère (externalisation *offshore*).

Et vous ?
Identifiez les activités qui pourraient être externalisées dans votre entreprise de PMFP.

DOC 6 Les raisons d'externaliser

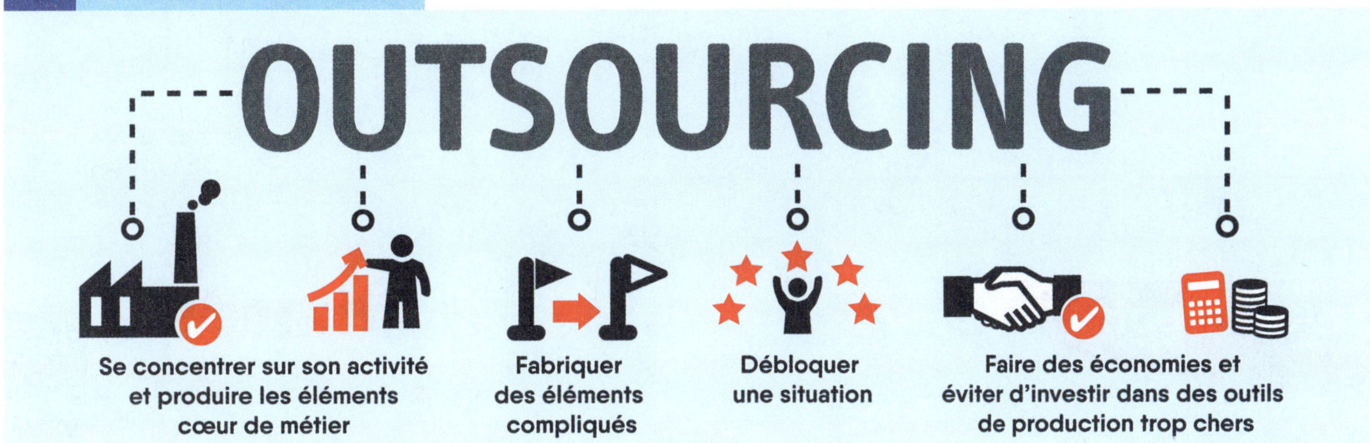

Delagrave, 2022.

15 Retrouvez la raison de recourir à l'externalisation pour les actions entreprises par Michelin et précisez s'il s'agit de délocalisation ou de sous-traitance.

Actions	Raison de recourir à l'externalisation	Délocalisation ou sous-traitance ?
À la suite d'une panne de la chaîne de production, Michelin fait appel à un sous-traitant parisien pour honorer une commande car la situation était compliquée.		
Michelin veut recourir à un prestataire extérieur italien pour fabriquer les protections des pneus lors du transport car ce n'est pas son métier.		
Michelin fait appel à une entreprise marseillaise spécialisée pour traiter des pièces de pneu par électrolyse.		
Michelin a annoncé la délocalisation d'un service de gestion commerciale export en Roumanie. La main-d'œuvre y est moins coûteuse.		

ACTIVITÉ 2 Quels sont les inconvénients de l'externalisation ?

DOC 7 Quels sont les inconvénients d'une délocalisation ?

- **Problème de différences culturelles :** l'interlocuteur peut en effet être gêné par un accent, une maîtrise limitée de la langue…
- **Risque au niveau de la qualité du produit :** beaucoup de cas ont été recensés, notamment pour les usines de production de jouets délocalisées en Chine ; qui en plus d'être de très mauvaise qualité sont nocifs pour la santé.
- **Risque d'échec de l'opération** lorsque celle-ci est trop complexe pour être délocalisée.
- **Risque de non-respect des délais :** surtout dans les pays où la contrainte de transport est pesante.
- **Risque de nuire à l'image** de la société si le service ou le produit est de mauvaise qualité.
- **La pollution :** c'est un facteur non négligeable qu'il faut prendre en compte, surtout que certains pays sont assaillis par les usines délocalisées très polluantes.

www.petite-entreprise.net

DÉFINITION

Risques : tous les éléments pouvant conduire à perdre de l'argent suite à une décision.

16 Classez les différents risques d'une délocalisation selon leur nature.

Risques commerciaux	Risques environnementaux	Risques managériaux

Je fais le point

Podcast www.lienmini.fr/ed31007podcast03

L'externalisation
- Les délocalisations
- La sous-traitance

Les raisons d'externaliser
- Éviter d'investir dans des outils de production trop chers
- Garantir la flexibilité de sa production
- Fabriquer des éléments compliqués à produire
- Se recentrer sur son métier en produisant uniquement les éléments de son cœur de métier

Les risques
- Risques commerciaux
- Risques environnementaux
- Risques managériaux

À moi de jouer !

Testez-vous !
Quels sont les choix de l'entreprise en matière de production ?
www.lienmini.fr/ed31007exo01

1 | Comprendre les facteurs de production utilisés

À partir du dessin schématique ci-dessous, expliquez oralement le procédé de fabrication du pneu. Vous préciserez pour chaque étape les facteurs de production qui sont engagés.

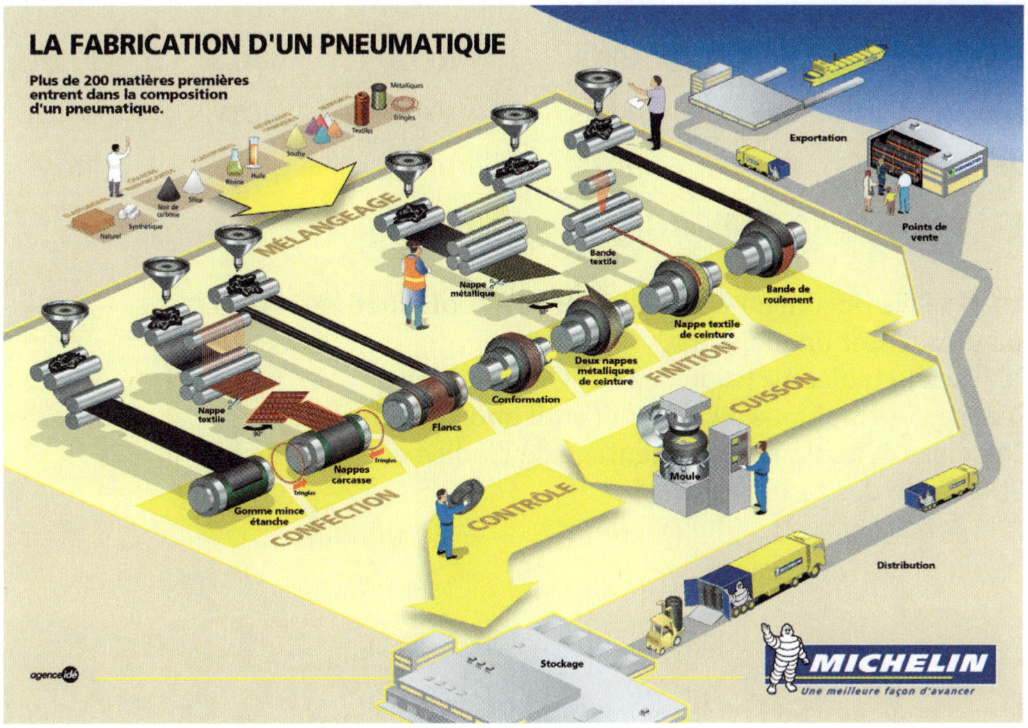

2 | Schématiser les facteurs de production

VIDÉO
Dans le secret des bonbons industriels ? 4'35
www.lienmini.fr/ed31007bonbons

1. Réalisez une carte mentale sur poste informatique présentant les différents facteurs de production utilisés par l'entreprise Lutti pour fabriquer ses bonbons.

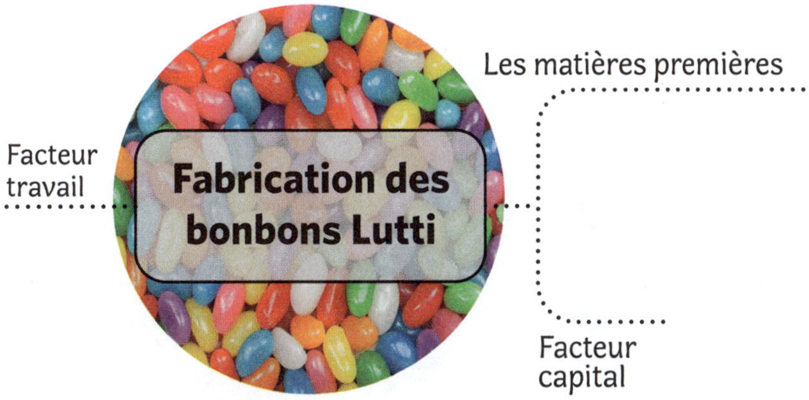

2. Concluez si la combinaison des facteurs de production est plutôt travaillistique ou capitalistique.

....

....

3 | Analyser un tableau

Rabat 7

DOC Évolution de la productivité du travail - Base 100 Année 2015

	2015	2016	2017	2018	2019	2020
Zone Euro	100	100,5	102,2	103	103,9	104,1
France	100	100,3	102,4	102,8	103,4	103,4
Allemagne	100	101,4	103,1	103,1	103,1	102,9
Italie	100	99,7	100,3	100,3	100,4	102,7
Espagne	100	100,5	101,3	101,1	101,5	100,9
Slovénie	100	103,5	107,3	110,1	110,7	111,6

OCDE, Publication 2021.

1. Analysez le document en vous aidant de l'outil méthodologique « Analyser un tableau ».
2. Réalisez le tableau à l'aide de l'outil informatique.
3. Réalisez le graphique à l'aide de l'outil informatique.
4. Calculez l'évolution en pourcentage de l'indice entre 2019 et 2020 à l'aide des formules Excel.

RESSOURCE

Tutoriels Excel
www.lienmini.fr/ed31007excel

4 | Travailler en groupe

1. Par groupes de deux ou trois, choisissez une entreprise parmi la liste ci-dessous.
2. Effectuez des recherches sur Internet sur les activités externalisées par cette entreprise.
3. Réalisez numériquement un travail écrit où vous présenterez :
   - les activités externalisées par cette entreprise (sous-traitance ou délocalisation) ;
   - les avantages de ces actions ;
   - les inconvénients de ces actions.

Liste des entreprises

Ikéa	Valéo
H&M	Sony
Apple	Chanel
Louis Vuitton	Hermès
Peugeot	

BILAN

CHAPITRE 1

Sketchnote
www.lienmini.fr/ed31007synth01

Quels sont les choix de l'entreprise en matière de production ?

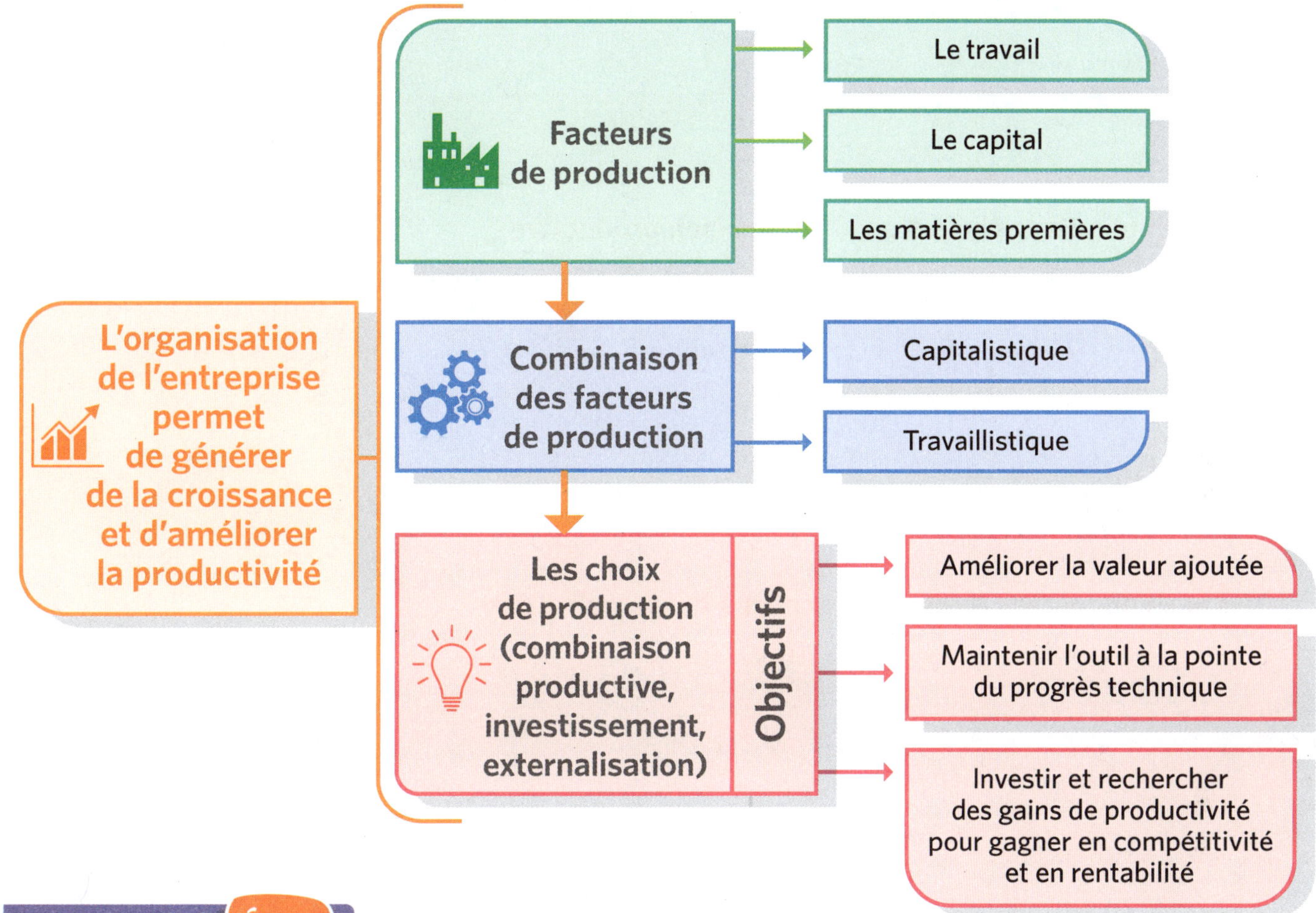

Les mots de l'éco

- **Consommations intermédiaires :** produits et services détruits ou transformés pour produire.
- **Externalisation :** cette action consiste, pour une entreprise, à faire réaliser des tâches par des agents économiques extérieurs, par recours à la sous-traitance pour certaines activités complexes ou non productrices de valeur ajoutée.
- **Facteurs de production :** toutes les entreprises possèdent des facteurs de production qui leur permettent de produire des biens et des services : les matières premières, le facteur travail, le facteur capital.
- **Innovation :** nouveauté qui permet la création ou l'amélioration technique des produits.
- **Investissement :** dépense destinée à augmenter les capacités de production ou à diminuer les coûts.
- **Productivité :** rapport entre une production et le nombre de facteurs de production mis en œuvre pour l'obtenir. Pour améliorer leur productivité, les entreprises ont le choix de modifier leur combinaison productive ou de réaliser des investissements et de profiter ainsi du progrès technique qui améliore les méthodes de production.
- **Profit :** gain financier obtenu d'une opération économique.
- **Progrès technique :** ensemble des innovations permettant d'améliorer l'efficacité du système productif afin de créer de nouveaux produits ou d'améliorer la productivité.
- **Risques :** tous les éléments pouvant conduire à une conséquence négative suite à une décision.
- **Valeur ajoutée :** indicateur qui mesure le supplément de valeur qu'une entreprise, grâce à son activité, est capable d'apporter à un bien ou à un service provenant d'un tiers (son fournisseur).

Je construis mon cours

Résumez les idées essentielles une fois chaque mission effectuée.

Mission 1 Identifier les facteurs de production et leur combinaison

Mission 2 Expliquer le choix d'une combinaison productive

Mission 3 Expliquer les raisons du recours à l'externalisation

JE RÉPONDS À LA MISE EN SITUATION PROFESSIONNELLE

Maintenant que vous avez découvert l'organisation de la production des pneus chez Michelin, M. Melouki vous demande de réaliser une infographie qui sera accessible aux clients et aux fournisseurs, sur le site Internet de l'entreprise, et sera présentée à ceux qui viennent en rendez-vous dans l'entreprise. Cette infographie devra présenter plusieurs points :

1. Les étapes de la production d'un pneu, en faisant apparaître à chaque étape les différents facteurs de production : le mélangeage ; la confection ; la finition ; la cuisson ; le contrôle.
2. Les innovations créées par Michelin.
3. La recherche et le développement .

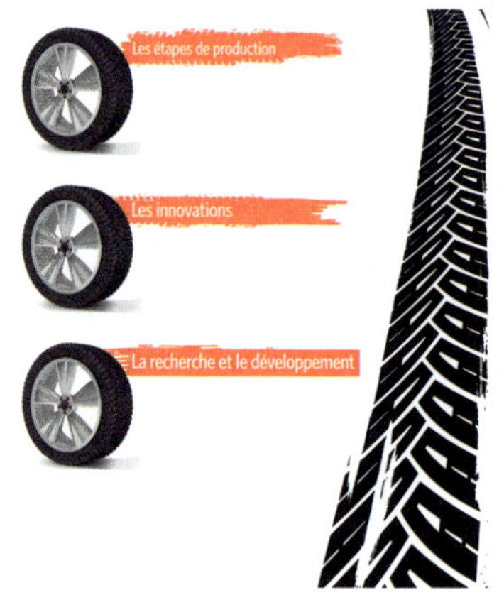

Vous pouvez réaliser des recherches sur Internet et utiliser une application numérique ou un logiciel de mise en forme d'infographie tel que Canva.

Méthode Comprendre une consigne 1

Je comprends la méthode

DOC 1 Confinement : 76 % des Français en télétravail regrettent déjà leur bureau !

70 % des Français sont actuellement en télétravail
32 % travaillent plus que d'habitude en home office
51 % ne prennent pas de pause déjeuner tous les jours
0 transport : 54 % en profitent pour cuisiner et **52 %** pour dormir plus !
74 % n'ont aucun moment dédié à leurs collègues pendant la journée
81 % des Français ont peur de perdre leur emploi compte tenu de la situation actuelle

La Voix du Nord, 27 mars 2020.

Consigne : Les confinements successifs ont imposé à de nombreux salariés de télétravailler. Cela a généré des craintes et des mauvaises habitudes chez les travailleurs. Quelles sont-elles ? Identifiez-les, notez-les sur votre copie. En contrepartie, le confinement a fait gagner du temps de trajet aux salariés. Vous expliquerez comment les salariés utilisent ce temps.

Étape 1 Comprendre l'énoncé et lire les consignes

- Lisez plusieurs fois l'énoncé du DOC. 1.
- Retrouvez la partie de l'énoncé qui donne une INFORMATION :

....

....

- Notez la partie de l'énoncé qui indique une QUESTION : ....
- Identifiez les CONSIGNES : ....

....

☐ J'ai validé l'étape 1

Étape 2 Repérer les verbes d'action

- Soulignez les verbes d'action dans les consignes.

☐ J'ai validé l'étape 2

Étape 3 Associer verbe et activité correspondante

- Déterminez l'activité correspondante à chaque verbe d'action.

Verbe : .... → Inscrire sur la copie
Verbe : .... → Donner des précisions
Verbe : .... → Retrouver tous les éléments

☐ J'ai validé l'étape 3

Étape 4 Surligner les mots-clés et les informations importantes

☐ J'ai validé l'étape 4

Étape 5 Rédiger la réponse

- Construisez une réponse au brouillon.
- Vérifiez que les consignes sont bien respectées : ☐ Oui, les trois consignes sont bien respectées.
- Rédigez votre réponse sur votre copie.

....

....

....

....

☐ J'ai validé la méthode

J'applique la méthode ☛ Rabat 1

DOC 2 **Travail sur site en période de crise : les chiffres clés**

Agence nationale pour l'amélioration des conditions de travail, 2020.

Consigne :

Indiquez la période à laquelle a été réalisé ce questionnaire. Relevez le nombre de personnes qui ont été sondées. Précisez si cette infographie concerne le facteur travail ou le facteur capital. Retrouvez les éléments mis en place dans les organisations pour s'adapter et protéger les personnes et caractérisez l'investissement des salariés pendant la crise sanitaire.

Les étapes à suivre

1. Comprendre l'énoncé et lire les consignes
2. Repérer les verbes d'action
3. Associer verbe et activité correspondante
4. Surlignez les mots-clés et les informations importantes
5. Rédiger la réponse

Vers le BAC

1

Quels sont les choix de l'entreprise en matière de production ?

MISE EN SITUATION

Vous réalisez votre PFMP au sein de l'entreprise À fleur de peau. C'est une jeune société lilloise qui fabrique des vêtements, chaussures, bagageries et accessoires grâce à des sous-traitants européens. Face à l'augmentation des ventes, Mme Aksel, la responsable de l'entreprise, s'interroge actuellement à relocaliser en France sa production ou à délocaliser beaucoup plus loin, en Asie. À ce titre, elle vous demande de travailler sur ce sujet afin de répondre à la question :

Délocaliser ou relocaliser, quels choix de production pour l'entreprise ?

Partie 1 Exploitation des documents

Afin de préparer l'étude demandée par Mme Aksel, étudiez les DOCS **1** à **3** et répondez aux questions suivantes.

1. **Sur votre copie, résumez en 8 à 10 lignes les idées principales du DOC. 1.**

2. **À l'aide de vos connaissances, repérez les idées principales des DOCS 2 et 3 en recopiant le tableau de l'annexe 1 p. 165.**

3. **À l'aide des documents et de vos connaissances, répondez sur votre copie aux questions suivantes :**

3.1. La délocalisation en Asie peut-elle permettre d'améliorer la compétitivité de l'entreprise À fleur de peau ?

3.1. Quels sont les avantages de la relocalisation en France ?

Partie 2 Écrit structuré

À l'aide de vos connaissances et du dossier joint, vous rédigerez une réponse structurée et argumentée (en suivant le plan proposé ci-dessous) à la question posée par Mme Aksel :

Délocaliser ou relocaliser, quels choix de production pour l'entreprise ?

Dans une introduction, présenter la problématique, expliciter ses concepts essentiels et annoncer le plan.

1. **Les enjeux de délocaliser la production**
- **a.** Les raisons de délocaliser la production
- **b.** Les risques à envisager

2. **La relocalisation en France : opportunités et freins**
- **a.** Les mutations dans la consommation de produits textiles
- **b.** Les freins économiques à envisager

Dans une conclusion, vous répondrez de manière synthétique à la problématique.

DOSSIER DOCUMENTAIRE

DOC 1 Faire du textile *made in France* un succès industriel

Le secteur du textile ambitionne de relocaliser une partie de sa production en France. Pour être compétitive, la filière française doit changer son modèle de production et investir dans l'innovation.

La relocalisation gagne du terrain dans le secteur textile. Face à la pression des consommateurs soucieux des **enjeux sociaux et écologiques**, et pour répondre aux nouvelles contraintes réglementaires sur l'économie circulaire, la filière textile passe à l'acte et amorce sa plus grande révolution : sa **réindustrialisation** au plus proche des lieux de consommation. Mais ne soyons pas naïfs, le chantier est colossal. Car derrière l'idéal d'une **souveraineté industrielle** retrouvée, se cachent des défis de taille - économiques, technologiques, de compétences - qui nécessitent d'agir vite avec des mesures d'ensemble, pour gagner le pari de l'emploi et de la compétitivité.

Il va falloir convaincre les décideurs de la pertinence économique du **made in France** et casser certaines idées reçues qui persistent. En ligne de mire : la **compétitivité** des sites de production asiatiques qui confectionnent du « fast fashion » en masse et à moindre coût et dont l'engouement pèse encore lourd dans les choix stratégiques.

Les Échos, 2 septembre 2020.

DOC 2 Éléments d'aide aux relocalisations mis en place par l'État

Relocalisation industrielle : **1 milliard d'€** Plan de relance économique 2020.	France terre textile® lève le voile sur toute la chaîne d'approvisionnement textile. Où, comment et dans quelles conditions sont réalisées les étapes de production des textiles en France.	ACTEUR FRANCE terre textile LE LABEL DE LA FABRICATION FRANÇAISE www.franceterretextile.fr

DOC 3 Les scandales de l'industrie textile

En 2013, le Rana Plaza s'effondre. Cette usine de confection du faubourg ouest de Dacca (capitale de Bangladesh) travaillait pour plusieurs marques internationales. La catastrophe provoque au moins 1 127 morts et révèle au grand jour les conditions de travail désastreuses de l'industrie textile dans les pays pauvres.

En 2021, plusieurs marques sont accusées de recourir au travail forcé en faisant confectionner vêtements et chaussures en Chine par des travailleurs ouïghours enfermés dans des camps dits de rééducation.

Salaires inférieurs au minimum légal, travail des enfants, syndicats interdits, conditions sanitaires dangereuses… **L'industrie textile mondialisée ne respecte ni les droits humains ni le droit du travail.**

Face à ce constat alarmant, **une modification des habitudes de consommation se dessine,** avec une diminution de la consommation de textile et une attention à la mode écoresponsable. D'après une étude de l'Institut français de la mode, près de la moitié des consommateurs européens ont acheté des produits de mode responsable en 2019.

Delagrave, 2022.

2

Économie

Pourquoi l'entreprise doit-elle dépasser la seule performance économique ?

Capacités

- Identifier les dimensions sociale et environnementale de la performance.
- Expliciter les raisons d'entrer dans une démarche de RSE pour une entreprise.

Notions abordées

- Performance économique, sociale, environnementale
- Responsabilité sociale des entreprises (RSE)
- Notoriété
- Rareté des ressources
- Normes et lois

SITUATION PROFESSIONNELLE

DOCTOphone est une enseigne spécialisée dans la réparation high-tech regroupant 90 boutiques en France. Créée par Paul Roche, l'entreprise est le leader national français de la réparation multimarque d'ordinateurs, smartphones, tablettes, objets connectés.

En PFMP au sein du siège social, vous assistez à une réunion de direction sur la performance de l'entreprise. Pour répondre aux nouvelles attentes des consommateurs, Paul Roche souhaite engager une démarche permettant d'améliorer les performances de son entreprise à plusieurs niveaux. Il vous demande d'effectuer une analyse documentaire sur les différents types de performance de l'entreprise pour vous confier par la suite un travail à destination de l'ensemble des salariés du groupe DOCTOphone.

VIDÉO

Comment réussir à relocaliser la production en France ? 2'20

www.lienmini.fr/ed31007relocaliser

Je découvre la question

Entreprise : ensemble des activités d'une personne ou d'un groupe de personnes qui travaillent pour fournir des biens ou des services à des clients. Elle peut être de différentes tailles. Plus elle se développe, plus elle doit se structurer.

Pourquoi l'entreprise doit-elle dépasser la seule performance économique ?

Dépasser : capacité à aller au-delà d'une certaine limite, à aller plus loin.

Performance économique : capacité d'une entreprise à atteindre les objectifs économiques qu'elle s'est préalablement fixés.

Reformulation de la problématique

Pour quelles raisons l'entreprise ne doit-elle pas se limiter à la simple recherche de performance économique ?

Et vous ?

Connaissez-vous d'autres indicateurs que la performance économique pour une entreprise ?

Mes missions

Mission 1 Identifier les dimensions économique, sociale et environnementale de la performance

Mission 2 Expliciter les raisons d'entrer dans une démarche de RSE

Mes missions

Mission 1 Identifier les dimensions économique, sociale et environnementale de la performance

Au cours d'une réunion de direction à laquelle vous avez assisté, Paul Roche insiste sur l'importance de la recherche de performance économique pour l'avenir du groupe DOCTOphone.

ACTIVITÉ 1 Comment est évaluée la performance économique de l'entreprise ?

(DÉFINITIONS)

Avantage concurrentiel : compétence décisive et durable détenue par une entreprise, qui améliore sa position concurrentielle et conduit à une rentabilité supérieure à celle de ses concurrents.

Position concurrentielle : place d'une entreprise, d'une marque ou d'un produit analysé dans son espace concurrentiel en termes de part de marché, d'image, de forces et de faiblesses, d'opportunités et de menaces.

DOC 1 Extrait du discours de Paul Roche, lors d'une réunion de direction

« La **performance économique** doit être l'une de nos premières préoccupations. Des objectifs de chiffre d'affaires, taux de transformation client, ouvertures de comptes clients… sont fixés à nos responsables de magasins. Nous devons toujours penser à proposer des prestations **à la hauteur des attentes** des clients pour maintenir notre **avantage concurrentiel**. Aujourd'hui, nous sommes les seuls à être présents dans toutes les grandes villes de France et à être capables d'offrir la réparation de tous les appareils. C'est notre compétitivité prix et notre compétitivité hors prix qui nous permettent d'y arriver. Outre les tarifs intéressants, il faut également savoir **jouer sur les éléments indépendants** du prix : le **niveau de qualité** de nos prestations, notre **capacité à innover**, la **qualité de la relation client** dans nos agences. Je vous rappelle les enjeux économiques importants : la croissance de notre entreprise permettra d'assurer sa pérennité. De nombreux emplois sont en jeu dans nos 90 agences. Je compte sur vous pour transmettre le message aux responsables des magasins. »

Delagrave, 2022.

(DÉFINITION)

Indicateurs de performance : données quantifiables sur un certain nombre d'éléments-clés de l'entreprise. Ils sont à la fois un outil de mesure de la santé de l'entreprise et un outil d'aide à la décision.

1. Surlignez dans le DOC. 1 les indicateurs de performance économiques cités, puis soulignez la raison fondamentale justifiant la recherche de performance économique.

2. Précisez la position de l'entreprise DOCTOphone sur son marché.

………………………………………………………………

3. Définissez l'expression « compétitivité prix ».

………………………………………………………………

4. Retrouvez les éléments permettant d'assurer la compétitivité hors prix de l'entreprise.

………………………………………………………………

………………………………………………………………

5. Précisez l'avantage concurrentiel de DOCTOphone.

………………………………………………………………

………………………………………………………………

ACTIVITÉ 2 Pourquoi l'entreprise recherche-t-elle la performance sociale ?

La simple performance économique ne suffit plus pour que l'entreprise « fasse la différence ». Pour Paul Roche, il faut chercher à obtenir de bonnes performances dans plusieurs domaines.

DOC 2 Pourquoi mesurer la performance sociale des entreprises ?

Veiller au bien-être de ses collaborateurs peut permettre de soutenir et **améliorer la performance économique** de l'entreprise. Des salariés heureux constituent des collaborateurs performants qui n'hésiteront pas à faire le maximum pour **atteindre les objectifs** qui leur sont fixés. La performance sociale peut être garante de la **pérennité** de l'entreprise.

Delagrave, 2022.

6 Retrouvez le lien entre performance sociale et performance économique en repositionnant les éléments de phrases dans l'ordre logique : *ce qui par la suite leur permet d'être plus productifs ; améliorent le bien-être des salariés ; et performants au niveau économique ; les efforts en performance sociale.*

....

....

....

DÉFINITION

Performance sociale : capacité d'une organisation à atteindre des objectifs liés au bien-être des salariés et à la qualité des rapports sociaux au sein de celle-ci.

DOC 3 La performance sociale, une culture d'entreprise

En tant que groupe de protection sociale, nous agissons avec la conviction que **la santé est un capital** dans lequel il faut investir.

L'idée selon laquelle la santé de l'entreprise passe par celle du dirigeant et de ses collaborateurs semble établie. Cependant, les dépenses en matière de santé au travail ne sont pas toujours considérées comme des investissements.

Or nous sommes convaincus que la **performance d'une entreprise** dépend à la fois de l'atteinte de ses **objectifs économiques** mais également de sa **performance sociale**. Cela veut dire qu'il est nécessaire de travailler à la préservation du **capital santé**.

Notre approche globale de la santé nous permet de porter attention aussi bien aux déterminants **physiques et psychiques** de la santé qu'aux déterminants **organisationnels et managériaux**. Notre démarche est basée sur l'**implication de l'ensemble** des parties prenantes de l'entreprise (dirigeants, salariés, managers, représentants du personnel, médecin du travail, infirmières...). Cela permet de développer une culture de la prévention et de nourrir le dialogue social.

www.groupe-apicil.com

VIDÉO
La performance sociale chez Apicil
3'24
www.lienmini.fr/ed31007apicil

7 Dans le DOC. 3, surlignez les différents aspects de la performance sociale, puis soulignez les acteurs devant être associés dans la recherche de performance sociale.

8 Retrouvez la solution utilisée par Apicil dans sa recherche de performance sociale.

....

....

....

9 Identifiez les finalités de la démarche de performance sociale.

....

....

....

....

....

....

10 Parmi les indicateurs de performance ci-dessous, cochez les indicateurs de performance sociale.

- Nombre d'accidents du travail ◯
- Chiffre d'affaires ◯
- Nombre d'arrêts maladie ◯
- Parts de marché ◯
- Investissements dans les équipements de sécurité ◯
- Promotions internes ◯
- Proportion de travailleurs en situation de handicap ◯
- Retour sur investissement ◯

ACTIVITÉ 3 Qu'est-ce que la performance environnementale ?

Selon Paul Roche, l'intérêt de la société civile pour la préservation de l'environnement doit inciter son entreprise à progresser au niveau de la performance environnementale. Il vous montre les bonnes pratiques de plusieurs entreprises.

DOC 4 Répartition des émissions nationales de gaz à effet de serre

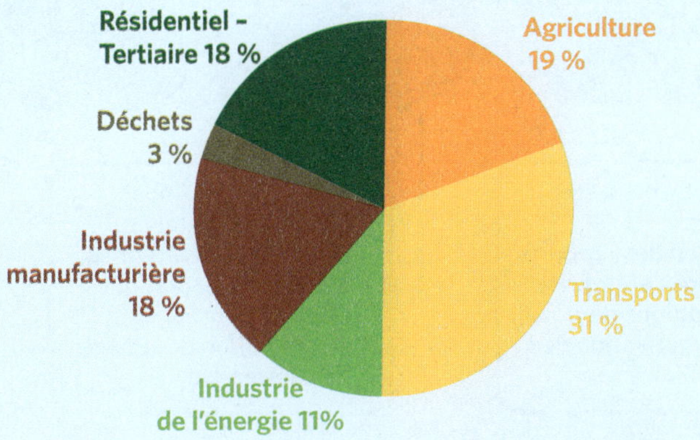

Émissions pour 2019 en France métropolitaine et DROM, rapport Secten 2020.

(DÉFINITIONS)

Performance environnementale : indique l'engagement de l'entreprise dans les domaines environnementaux.
Pour l'AFNOR, la performance environnementale doit inclure « la lutte contre le changement climatique et la protection de l'atmosphère ; la préservation de la biodiversité, des milieux et des ressources ainsi que la promotion de modes de production et de consommation responsables ».
AFNOR : Association française officielle responsable des normes en France.

11 Entourez sur le DOC. 4 les deux secteurs d'activité ayant le plus fort impact environnemental.

12 Identifiez le type de performance poursuivi par le groupe L'ORÉAL.

VIDÉO
L'Oréal pour le futur 1'23
www.lienmini.fr/ed31007loreal

Engagements environnementaux chez L'Oréal	Type de performance
Nous sommes convaincus que les entreprises et les communautés s'enrichissent lorsque des personnes de toutes les cultures, de tous les horizons et de tous styles de vie sont acceptées et valorisées.	....
Nous travaillons depuis de nombreuses années à la préservation d'une eau de qualité, consommée en quantité responsable, sur toute notre chaîne de valeur.	....
Nous sommes convaincus qu'une politique de diversité et d'inclusion ouvre la porte à des personnes issues de cultures et de contextes différents et leur permet de travailler ensemble pour améliorer l'entreprise.	....
D'ici à 2030, le Fonds L'Oréal pour la Régénération de la Nature aura investi 50 millions d'euros.	....

13 Avec vos nouvelles connaissances, listez des raisons pouvant inciter Paul Roche à mettre en œuvre des démarches pour réduire l'impact environnemental de son entreprise.

....

Et vous ?
Connaissez-vous des entreprises ayant pris des mesures environnementales ?

Je fais le point

Podcast
www.lienmini.fr/ed31007podcast04

Performance économique
- Maintien d'un avantage concurrentiel
- Recherche de compétitivité prix et hors prix

Performance sociale
- Recherche du bien-être des salariés
- Amélioration des rapports sociaux dans l'entreprise et des conditions de travail
- Source de motivation des salariés

Performance environnementale
- Réduction de l'impact environnemental de l'activité de l'entreprise
- Recherche de pratiques plus vertueuses
- Amélioration de l'image de l'entreprise

Amélioration de la performance économique de l'entreprise et de sa pérennité

Mes missions

Mission 2 Expliciter les raisons d'entrer dans une démarche de RSE

DOCTOphone s'engage dans une démarche de RSE afin d'améliorer sa performance globale et de se différencier de la concurrence. Paul Roche vous présente l'exemple de Veolia, grande entreprise française spécialisée dans la distribution de l'eau et le traitement des déchets.

ACTIVITÉ 1 Qu'est-ce que la RSE ?

DÉFINITION

Responsabilité sociale des entreprises (RSE) : intégration volontaire par les entreprises de préoccupations sociales et environnementales à leurs activités. Elle se traduit par des pratiques permettant d'être économiquement viable, tout en cherchant à avoir un impact positif sur la société et sur le respect de l'environnement. La RSE contribue ainsi au développement durable.

VIDÉO
Qu'est-ce que la RSE ? 2'55
www.lienmini.fr/ed31007rse

COMPRENDRE Dans un contexte fortement concurrentiel, les entreprises cherchent à améliorer leurs pratiques au travers de la mise en place d'une **démarche de RSE**. Trois axes majeurs incitent une entreprise à s'investir dans ce sens : la raréfaction des matières premières, l'évolution de la culture d'entreprise et une volonté d'améliorer sa notoriété et son image.

DOC 5 La démarche RSE chez Veolia

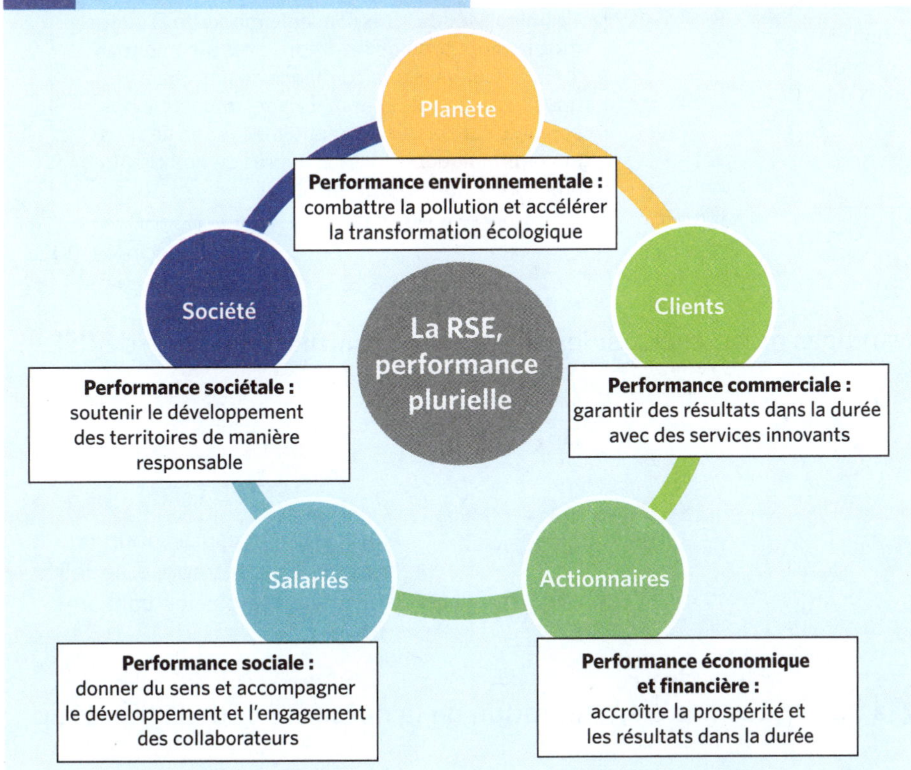

Données : www.veolia.com

14 Entourez sur le DOC. 5 les catégories de bénéficiaires de la démarche RSE chez Veolia.

15 Surlignez les engagements de Veolia en lien avec des préoccupations environnementales.

16 Expliquez l'expression « performance plurielle » située au centre du document.

....

....

....

....

....

....

....

ACTIVITÉ 2 Pourquoi s'engager dans une démarche de RSE ?

Lors d'une réunion de direction à laquelle vous avez participé, Paul Roche fait le point sur la stratégie RSE de l'entreprise.

DOC 6 Extrait de la réunion de direction

Paul Roche (directeur général de la société) : Voici le résultat de l'étude menée par l'organisme rattaché au Premier Ministre, France Stratégie : les entreprises disposant d'une bonne stratégie RSE sont en moyenne 13 % plus performantes que les autres. La rentabilité s'améliore, on observe des gains de productivité et de meilleures parts de marché. Qu'en pensez-vous ?

Marius Gouagou (responsable ressources humaines) : Les salariés sont sensibles aux décisions liées à la RSE. Ils veulent savoir comment leur entreprise s'engage pour l'intérêt général, cela peut permettre d'améliorer leur engagement.

Ariana Degran (responsable production) : On peut regarder comment réduire les coûts lors des différentes étapes de la production comme au niveau de la consommation de fournitures afin d'éviter le gaspillage et d'améliorer la rentabilité.

Yasmina Meddar (responsable marketing) : Pour moi, la réputation de l'entreprise est au cœur de la RSE. Pour garder la confiance de nos clients, nous devons évaluer et maîtriser l'impact de nos activités sur l'environnement. Innover en ce sens et communiquer là-dessus auprès de nos clients améliorera notre notoriété.

Delagrave, 2022.

17 À partir du DOC. 6, identifiez les avantages recherchés par les entreprises dans une démarche de RSE.

Avantage 1 ....

Avantage 2 ....

Avantage 3 ....

....

Avantage 4 ....

Avantage 5 ....

DÉFINITION

Notoriété : mesure, pour une marque, une entreprise, le fait d'être connue par les consommateurs.

18 Justifiez l'avantage procuré par la RSE en termes d'amélioration de la notoriété et de la réputation de l'entreprise.

....

....

....

Et vous ?

Votre entreprise de PFMP est-elle engagée dans une démarche RSE ?

ACTIVITÉ 3 Quel est le cadre institutionnel de la RSE ?

Paul Roche vous explique que des règles et des normes encadrent les démarches de RSE.

DOC 7 La loi PACTE

Le Plan d'action pour la croissance et la transformation des entreprises (PACTE) permet de redéfinir la raison d'être des entreprises et de renforcer la prise en compte des enjeux sociaux et environnementaux liés à leur activité.

L'article 1833 du code civil est modifié pour consacrer la notion d'intérêt social et pour affirmer la nécessité pour les sociétés de prendre en considération les enjeux sociaux et environnementaux inhérents à leur activité.

Tout dirigeant sera ainsi amené à s'interroger sur ces enjeux à l'occasion de ses **décisions de gestion**.

L'entreprise peut poursuivre, dans le respect de son objet social, un **projet entrepreneurial répondant à un intérêt collectif** et qui donne sens à l'action de l'ensemble des collaborateurs.

La mission est inscrite dans les statuts et un organe de suivi, où les salariés sont représentés, est chargé de vérifier la conformité des décisions de gestion de l'entreprise avec sa mission.

www.economie.gouv.fr

COMPRENDRE Les lois en place obligent les grandes entreprises à mettre en place une démarche de RSE en respectant un **cadre réglementaire**.
Les normes permettent aux entreprises qui mettent en place une démarche volontaire de RSE d'**obtenir un label**, une certification validée par un organisme indépendant.

19 Identifiez dans le DOC. 7 l'évolution prévue par la loi PACTE.

....

....

....

....

....

DOC 8 Comment fait-on pour avoir la certification à la norme environnementale ISO 14001 ?

La certification se fait en 3 ans. L'entreprise souhaitant avoir la certification à la norme ISO 14001 doit faire appel à un **organisme certificateur accrédité** par le Comité français d'accréditation. La demande de certification à la norme ISO 14001 exige **deux audits**. L'organisme certificateur fait ainsi un audit complet du système de management environnemental mis en œuvre par l'entreprise pour vérifier sa conformité avec les exigences de la norme. [...] Ensuite, des audits de suivi à intervalle régulier ou irrégulier seront également faits pendant 2 ans. [...] La certification n'est pas accordée en cas de **non-conformité** majeure constatée par l'auditeur. En revanche, la non-conformité peut être **rattrapée par l'entreprise**. Elle pourra ensuite refaire sa demande après la régularisation.

www.iso14001.fr

(DÉFINITIONS)

Normes de certification : document détaillant les exigences à suivre pour atteindre un certain niveau d'efficacité ou de qualité. L'obtention de la certification délivrée par une tierce partie donne une assurance écrite qu'un produit, un processus ou un service est conforme à des exigences spécifiées.

Audit : examen ou contrôle de la gestion et des conditions de fonctionnement d'une entreprise ou de l'un de ses services.

20 Indiquez le thème principal relatif à la norme ISO 14001.

....

21 Justifiez le délai nécessaire pour obtenir la certification.

....

....

....

DOC 9 Quels avantages l'entreprise peut-elle tirer de la certification à la norme ISO 14001 ?

Systèmes de management environnemental
ISO 14001

La **démarche de certification** à la norme ISO 14001 présente plusieurs avantages dont la **maîtrise des questions environnementales** qui peuvent aboutir à une meilleure gestion des charges de l'entreprise. En effet, cela **aide à la prise de décision** importante dans l'entreprise et à l'**anticipation des problèmes** liés aux impacts environnementaux de ses activités. Une entreprise certifiée ISO 14001 jouit également de certains **avantages concurrentiels**, dont la **reconnaissance** sur les marchés. Les consommateurs sont de plus en plus attirés par les entreprises qui prennent des engagements en faveur de l'environnement.

Étant la preuve objective de l'engagement de l'entreprise à respecter l'environnement, la certification à **la norme ISO 14001 rassure les clients, les collaborateurs et les partenaires de l'entreprise**.

www.iso14001.fr

VIDÉO L'ISO et la responsabilité sociétale 0'46
www.lienmini.fr/ed31007iso

22 Retrouvez les avantages procurés par la certification ISO 14001.

....

....

....

....

Je fais le point

Podcast www.lienmini.fr/ed31007podcast05

RSE

Préoccupations sociales et environnementales dans l'activité de l'entreprise et dans ses relations avec ses parties prenantes.

Avantages

- Productivité
- Rentabilité
- Gestion des risques
- Motivation
- Image et notoriété
- Impact environnemental moindre (gestion des ressources)

Cadre institutionnel

- Des obligations issues de la loi pour les grandes entreprises
- La certification pour respect de normes pour les entreprises engageant une démarche RSE volontaire

À moi de jouer !

Testez-vous !
Pourquoi l'entreprise doit-elle dépasser la seule performance économique ?
www.lienmini.fr/ed31007exo02

1 | Distinguer les indicateurs de performance

Identifiez à quel type de performance appartient chacun des indicateurs ci-dessous.

Indicateurs	Types de performance
Évolution du nombre de démissions ●	
Chiffre d'affaires réalisé ●	
Émissions de CO_2 ●	
Taux de satisfaction clients ●	● **Performance économique**
Nombre d'accidents du travail ●	
Taux de rentabilité ●	
Production de déchets ●	● **Performance sociale**
Évolution du nombre de clients ●	
Part de marché ●	● **Performance environnementale**
Nombre d'heures de formation par salarié ●	
Nombre de litres d'eau utilisés ●	
Enquête annuelle auprès des salariés sur leur satisfaction au travail ●	

2 | Analyser l'indice de bien-être au travail

DOC L'IBET, l'indice qui nous veut du bien

À la fois indice statistique et sectoriel, l'IBET© (Indice de bien-être au travail) est également un outil de reporting social, qui permet d'évaluer le risque socio-organisationnel au sein de l'entreprise. Lancé en 2011 par le Groupe APICIL et le cabinet Mozart Consulting, il mesure la performance sociale des entreprises françaises en partant de données nationales : l'absentéisme, le volume de sorties forcées, la compétitivité, la santé globale, la responsabilité sociale ou encore la qualité de vie au travail.

Coût du désengagement des salariés en 2020 :	IBET global 2020 :
14 310 € / an / salarié	**0.73 dégradé**
soit – 1,85 % par rapport à 2019	stable par rapport à 2019

www.iso14001.fr

1. Que signifie « IBET » ?

....

2. Indiquez à quel type de performance de l'entreprise fait référence cet indicateur.

....

3. Précisez le coût du mal-être des salariés en entreprise.

....

4. À l'oral, énumérez les conséquences possibles du mal-être des salariés pour l'entreprise.

À moi de jouer !

3 | Maîtriser le vocabulaire économique

Complétez la grille ci-dessous à l'aide des définitions fournies.

1. Acteur interne ou externe à une entreprise et concerné par son bon fonctionnement.
2. Procédure destinée à faire valider par un organisme indépendant le respect d'exigences par une organisation.
3. Démarche visant à intégrer volontairement des préoccupations sociales et environnementales dans l'activité de l'entreprise.
4. Qualité d'un impact affectant la biodiversité, le climat.
5. Organisation officielle responsable des normes en France.

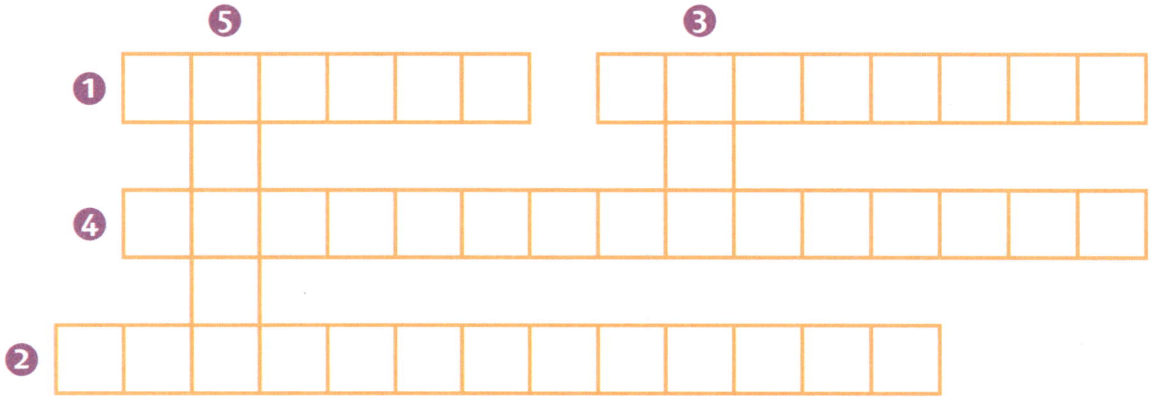

4 | Analyser une infographie ☛ Rabat 6

Entourez et reliez les pratiques responsables concernées par les exemples suivants :

- Recrutement d'un salarié en situation de handicap.
- Mise en place d'une formation du personnel sur « l'éco-conduite ».
- Ouverture de négociations avec les représentants des salariés relatives à l'augmentation des salaires.

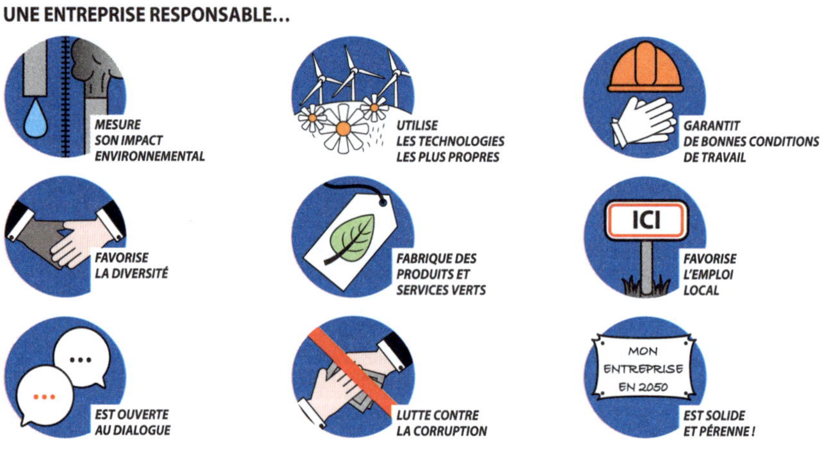

Novethic

BILAN

CHAPITRE 2

Sketchnote
www.lienmini.fr/ed31007synth02

Pourquoi l'entreprise doit-elle dépasser la seule performance économique ?

Performance globale

Performance économique
(rentabilité, CA, productivité, recherche de compétitivité prix et hors prix...)

Performance sociale
(bien-être des salariés, amélioration des rapports sociaux et des conditions de travail...)

Performance environnementale
(réduction de l'impact environnemental de l'activité de l'entreprise)

Mise en place d'une démarche de RSE
(intégration des préoccupations sociales et environnementales dans la réalisation des activités de l'entreprise)

Pourquoi ?
- Raréfaction des matières premières
- Évolution des cultures d'entreprises
- Volonté d'améliorer sa notoriété et son image
- Choix stratégique pour améliorer sa performance globale

Cadre réglementaire
- Obligations légales de *reporting* extra-financier pour les grandes entreprises
- Certification pour le respect de normes pour les entreprises engageant une démarche RSE volontaire

Les mots de l'éco

- **Avantage concurrentiel :** compétence décisive et durable détenue par une entreprise, qui améliore sa position concurrentielle et conduit à une rentabilité supérieure à celle de ses concurrents.
- **Indicateurs de performance :** données quantifiables sur un certain nombre d'éléments-clés de l'entreprise. Ils sont à la fois un outil de mesure de la santé de l'entreprise et un outil d'aide à la décision.
- **Normes de certification :** document détaillant les exigences spécifiques et précises à suivre pour atteindre un certain niveau d'efficacité ou de qualité.
- **Notoriété :** mesure, pour une marque, une entreprise, le fait d'être connue par les consommateurs.
- **Performance économique :** capacité d'une entreprise à atteindre les objectifs économiques fixés.
- **Performance environnementale :** capacité d'une organisation à s'engager dans les domaines environnementaux et à améliorer ses pratiques pour mieux respecter l'environnement.
- **Performance globale de l'entreprise :** ensemble des résultats obtenus par l'entreprise aux niveaux économique, social et environnemental.
- **Performance sociale :** capacité d'une organisation à atteindre des objectifs liés au bien-être des salariés et à la qualité des rapports sociaux au sein de celle-ci.
- **Rareté des ressources :** phénomène mondial lié à la raréfaction des ressources naturelles renouvelables, telles que l'eau douce, les énergies fossiles. La rareté des ressources pousse les entreprises à s'adapter et à revoir leurs pratiques productives.
- ***Reporting* :** action consistant à rendre compte de ses performances et de ses actions.
- **Responsabilité sociale des entreprises (RSE) :** intégration volontaire par les entreprises de préoccupations sociales et environnementales à leurs activités et leurs relations avec leurs parties prenantes.

Je construis mon cours

Résumez les idées essentielles une fois chaque mission effectuée.

Mission 1 Identifier les dimensions économique, sociale et environnementale de la performance

Mission 2 Expliciter les raisons d'entrer dans une démarche de RSE

JE RÉPONDS À LA MISE EN SITUATION PROFESSIONNELLE

Maintenant que vous avez analysé l'ensemble des résultats, Paul Roche vous demande de réaliser une affiche destinée aux responsables d'agence DOCTOphone, qui explique l'importance des dimensions sociale et environnementale de la performance.

Dans cette affiche vous devez présenter :

- les 3 dimensions de la performance ;
- la notion de RSE ;
- les avantages procurés par la RSE.

Vous pouvez utiliser une application numérique ou un logiciel de mise en forme afin de réaliser cette affiche.

Méthode 2 — Analyser un tableau

Je comprends la méthode

DOC 1 **Classement des 5 entreprises françaises ayant généré les plus gros bénéfices depuis 10 ans**

Classement 2021 *Cumul 10 ans*	Classement 2020 *Cumul 10 ans*	Entreprise	Bénéfices 2020	Bénéfices 2019	Bénéfices 2018	Cumul 10 ans
1	1	TotalEnergies	5 938	9 238	9 385	62 955
2	2	BNP Paribas	7 067	8 173	7 526	62 524
3	3	SANOFI	12 314 *	2 806	4 306	55 480
4	5	LVMH	4 702	7 171	6 354	46 719
5	4	AXA	3 164	3 857	2 140	44 664

Chiffres exprimés en millions d'€, résultat net part du groupe

Café de la Bourse, 10 juin 2021.

Étape 1 Identifier les caractéristiques générales du tableau

- Notez le titre : ....
- Notez la source : ....
- Précisez les unités utilisées : ....
- Notez la date et le lieu de l'étude : ....

J'ai validé l'étape 1

Étape 2 Comprendre le tableau

- Identifiez la répartition des informations :

- Lignes : ....

- Colonnes : ....

....

- Indiquez ce que représente le chiffre avec un * : ....

....

J'ai validé l'étape 2

Étape 3 Restituer les idées principales du tableau

- Trouvez l'idée principale :

....

....

....

- Commentez les chiffres de Sanofi (entreprise pharmaceutique) par rapport aux autres :

....

....

....

....

J'ai validé la méthode

J'applique la méthode

☛ Rabat 7

DOC 2 **Extrait des objectifs RSE chez Engie**

- **Satisfaction client :** taux de satisfaction des clients B2C.
- **Renouvelable :** part d'énergie renouvelable dans le mix de production électrique.
- **Émission de gaz à effet de serre :** % de réduction du ratio d'émissions de CO_2 pour la production d'énergie par rapport à 2012. [...]
- **Mixité :** % des femmes dans l'effectif du groupe.
- **Santé sécurité :** taux de fréquence interne des accidents du travail. [...]

Nouveaux objectifs RSE 2030

Ces nouveaux objectifs RSE 2030 viennent compléter les 6 objectifs RSE 2020 qui avaient été établis en 2016 pour matérialiser les engagements et accompagner la politique RSE du Groupe.

Objectifs	Année 2017	Année 2018	Année 2019	Objectifs 2020	Objectifs 2030
Satisfaction client	83 %	81 %	72 %	> 85 %	NC
Renouvelable	23, 1 %	23, 7 %	27, 8 %	25 %	> 58 %
Émission de gaz à effet de serre	- 18, 1 %	- 28, 7 %	- 47, 3 %	- 20 %	Tendre vers zéro
Mixité	22, 2 %	21, 6 %	20, 9 %	> 25 %	100/100
Santé sécurité	3, 3	3, 4	3, 7	< 3	< 2, 9

www.engie.com

Les étapes à suivre

1. Identifier les caractéristiques générales du tableau
2. Comprendre le tableau
3. Restituer les idées principales du tableau

Vers le BAC

2

Pourquoi l'entreprise doit-elle dépasser la seule performance économique ?

MISE EN SITUATION

Vous réalisez actuellement votre PFMP dans le magasin Leclerc de la ville d'Herbignac. Ce magasin succède à une autre enseigne (Super U), suite au rachat de cette dernière. À cette occasion, le directeur, M. Lecoet, souhaite faire le point sur la mise en place de la Responsabilité sociale des entreprises (RSE). En effet, c'est un aspect économique qui ne peut plus être négligé par les entreprises. À ce titre, il vous demande de travailler sur ce sujet afin de répondre à la question :

Quels sont les avantages et contraintes de la RSE pour dépasser la seule performance économique ?

Partie 1 Exploitation des documents

Afin de préparer l'étude demandée par M. Lecoet, étudiez les DOCS 1 À 3 et répondez aux questions suivantes.

1. Repérez les idées principales des DOCS 1 ET 3, en recopiant le tableau de l'annexe 1 p. 165.

2. À l'aide des documents et de vos connaissances, répondez sur votre copie aux questions suivantes :

2.1. Quels sont les différents champs de la RSE ?

2.2. Pourquoi l'entreprise recherche-t-elle la performance sociale ?

3. Sur votre copie, résumez sur 8 à 10 lignes les idées principales du DOC. 3.

Partie 2 Écrit structuré

À l'aide de vos connaissances et du dossier joint, vous rédigerez une réponse structurée et argumentée (en suivant le plan proposé ci-dessous) à la question posée par M. Lecoet :

Quels sont les avantages et contraintes de la RSE pour dépasser la seule performance économique ?

Dans une introduction, présenter la problématique, expliciter ses concepts essentiels et annoncer le plan.

1. Les avantages de la RSE

a. Les attentes des acteurs de l'environnement économique (consommateurs, fournisseurs et environnement)

b. Les bénéfices attendus pour l'entreprise

2. Les contraintes de la RSE

a. Des difficultés à mettre en place

b. Un suivi minutieux et obligatoire

Dans une conclusion, vous répondrez de manière synthétique à la problématique.

DOSSIER DOCUMENTAIRE

DOC 1 La RSE et le rapport RSE

La RSE (Responsabilité Sociale des Entreprises) *regroupe l'ensemble des pratiques mises en place par les entreprises dans le but de respecter les principes du développement durable, c'est-à-dire être économiquement viable, avoir un impact positif sur la société mais aussi mieux respecter l'environnement.*

[Définition de la RSE par l'UE] : « l'intégration volontaire des préoccupations sociales et écologiques des entreprises à leurs activités commerciales et leurs relations avec leurs parties prenantes. Être socialement responsable signifie non seulement satisfaire pleinement aux obligations juridiques applicables, mais aussi aller au-delà et investir "davantage" dans le capital humain, l'environnement et les relations avec les parties prenantes ».

Un rapport RSE [...] est un document périodique (généralement annuel) publié par une entreprise pour rendre compte de ses actions et de ses résultats en matière de responsabilité sociale d'entreprise. [...]. En France, certaines entreprises ont l'obligation [...] de rédiger un rapport RSE annuel. Il s'agit des entreprises cotées en bourse, avec un chiffre d'affaires supérieur à 100 millions d'euros ou une masse salariale supérieure à 500 employés.

youmatter.world

DOC 2 RSE : un sujet résolument complexe

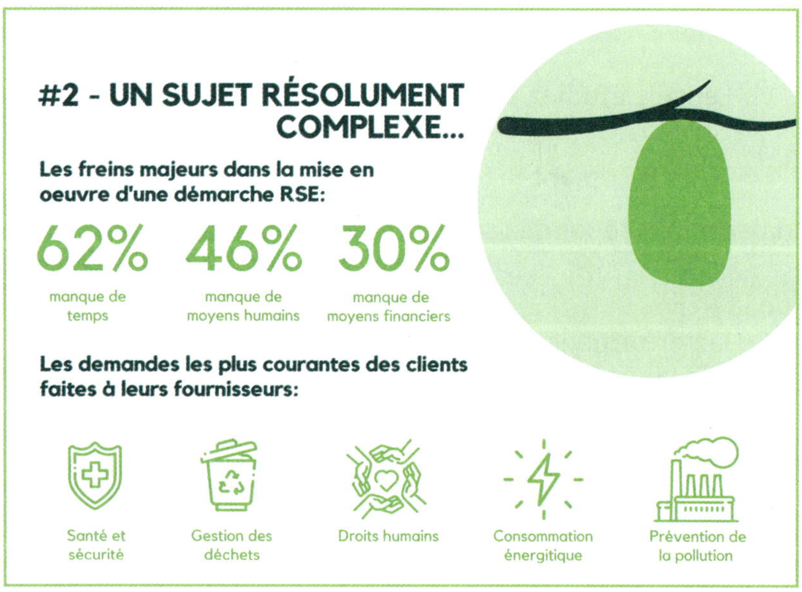

Enquête PWC, ORSE et BPI France, digital-solutions.konicaminolta.fr, 2020

DOC 3 Quels sont les bénéfices d'une politique RSE efficace ?

La RSE améliore l'image d'une entreprise auprès des consommateurs et de ses propres collaborateurs, mais surtout, elle sert à **mieux gérer ses ressources** et par là-même à **améliorer la productivité interne**. [...] Un engagement RSE permet tout d'abord d'identifier les zones de gaspillage de l'entreprise en interne [...]. En externe, l'entreprise aura intérêt à tenir compte des risques environnementaux [...].

La RSE améliore la **performance globale de l'entreprise** : selon une étude de France stratégie, elle procure un **gain de performance de 13 %** en moyenne par rapport aux entreprises qui ne pratiquent pas de RSE.

Améliorer son image à l'extérieur : la RSE attire les financiers. [...]. C'est un gage de bonne réputation. En interne, la RSE **motive les collaborateurs** : c'est une démarche à laquelle les jeunes talents d'aujourd'hui sont sensibles ; elle donne un sens à leur présence dans une entreprise engagée, ce qui permet à terme de limiter le turnover, et d'augmenter la productivité.

pro.concilio.com

3

Économie

Comment le numérique influe-t-il sur la production d'une entreprise ?

Capacités

- Identifier comment le numérique peut être source de création de valeur.
- Mettre en évidence l'impact du numérique sur les choix de l'organisation productive.

Notions abordées

- Création de valeur
- Exploitation des données personnelles
- Flexibilité
- Personnalisation de l'offre et adaptation de l'outil de production
- Organisation spatiale et temporelle de la production

SITUATION PROFESSIONNELLE

Vous commencez votre PFMP au sein de l'hypermarché E. Leclerc de Saint-Doulchard (Cher).
Vous êtes sous la responsabilité de M. Fromont, responsable de secteur Produits secs, qui a à cœur de vous faire découvrir toutes les facettes de l'activité du magasin. Il est, par ailleurs, sur le point de changer de fonction dans quelques semaines : il est amené à prendre la direction du nouveau « drive E. Leclerc » qui va très prochainement ouvrir ses portes.
M. Fromont, même s'il s'avoue parfois un peu dépassé, est conscient de l'enjeu que représente le numérique. Il vous demande de réaliser une présentation synthétique de l'influence du numérique sur la production des entreprises afin de sensibiliser la future équipe du drive.

VIDÉO

Qu'est-ce que la transformation digitale ?

6'34

www.lienmini.fr/ed31007digital

Je découvre la question

Comment : interroge sur la manière dont une action se déroule et sur les moyens employés.

Numérique : au sens strict, information qui peut se présenter sous forme de nombres ; au sens large, se dit des systèmes, dispositifs ou procédés utilisant cette technique : informatique, Internet, téléphone, télévision…

Comment le numérique influe-t-il sur la production d'une entreprise ?

Production : ensemble de moyens qui aboutissent à la création d'un bien nouveau ou d'un service.

Influer : exercer sur quelqu'un ou quelque chose une influence, une action.

Entreprise : organisation privée – agricole, commerciale ou industrielle – dirigée par une personne physique ou morale, en vue de produire des biens ou des services pour le marché.

Reformulation de la problématique

Dans quelle mesure les évolutions liées au numérique modifient-elles les choix de production des entreprises ?

Et vous ?

Avec le développement du numérique, avez-vous modifié vos habitudes de consommation ?

Mes missions

Mission 1 Identifier comment le numérique peut être source de création de valeur

Mission 2 Mettre en évidence l'impact du numérique sur les choix de l'organisation productive

Mes missions

Mission 1 Identifier comment le numérique peut être source de création de valeur

M. Fromont vous rappelle que la finalité première d'une entreprise est de créer de la valeur : celle-ci peut être développée par la stratégie menée par l'entreprise, incluant sa transformation numérique.

ACTIVITÉ 1 Qu'est-ce que la transformation numérique de l'entreprise ?

COMPRENDRE Une entreprise, au plan économique, est créatrice de **richesses**, sous forme de produits, services, transactions, emplois et taxes. Elle se doit d'être également créatrice de **valeur**, c'est-à-dire de rentabiliser le capital investi en cherchant la performance, sous forme de croissance de ses parts de marché, d'innovation, et d'amélioration de sa productivité.

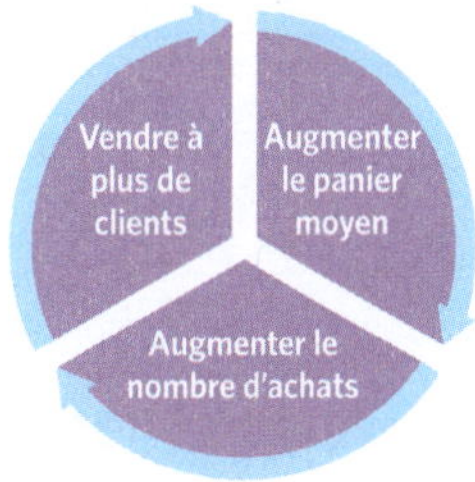

VIDÉO La création de valeur 2'59
www.lienmini.fr/ed31007valeur

1 À partir de la vidéo, présentez les actions que peut mettre en place l'entreprise pour rester concurrentielle.

....

....

2 Expliquez pourquoi il est essentiel pour l'entreprise de bien connaître ses clients.

....

....

DOC 1 De la révolution industrielle... à la révolution numérique

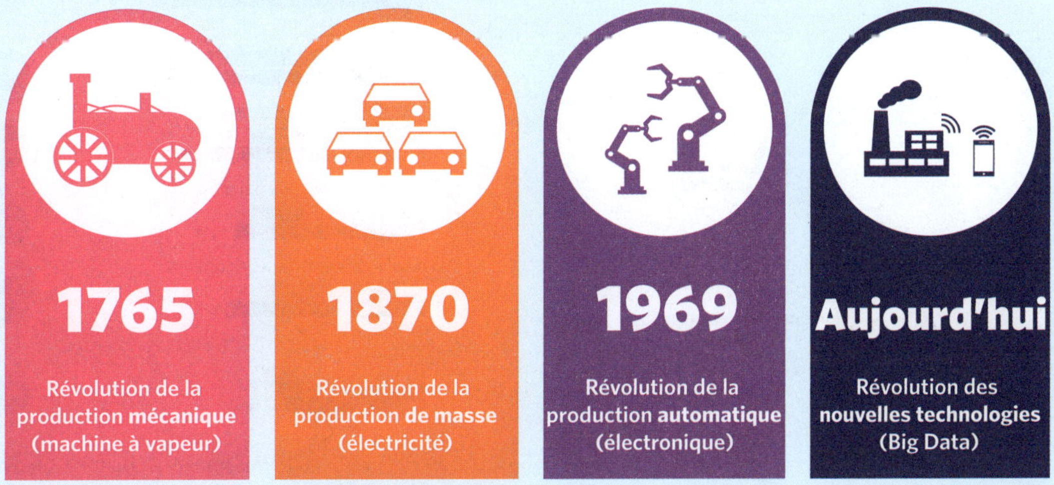

Delagrave, 2022.

3 Identifiez la principale innovation de chacune des quatre révolutions.

....

DOC 2 Révolution digitale et transformation des entreprises

Les **nouvelles technologies** permettent, d'une part, de **répondre** aux nouveaux enjeux des marchés basés sur l'**immédiateté**, l'**interactivité**. Et d'autre part, elles permettent d'**anticiper** les futures évolutions des marchés [...] et contribuent à une analyse plus efficiente des **données** facilitant la compréhension et la prédiction des comportements. [...]

VIDÉO
L'impact de la transition numérique en 10 points clés 2'04
www.lienmini.fr/ed31007trans

Dans cet environnement en perpétuel évolution, les entreprises historiques peuvent souffrir d'un désavantage par rapport aux nouveaux entrants quant à l'adoption des technologies digitales et numériques. En effet, ces éléments sont généralement les **piliers de l'identité** des nouveaux entrants et en sont leurs caractéristiques intrinsèques.

Michal Adamiuk, http://datavalue-consulting.com,
3 septembre 2019.

4 À l'aide des DOCS. 1 ET 2, définissez la notion de « révolution » en économie.

....

....

5 Expliquez en quoi le développement du numérique peut être considéré comme une « révolution » pour les entreprises.

....

....

....

DOC 3 Baromètre « Croissance et digital » Acsel/Ipsos

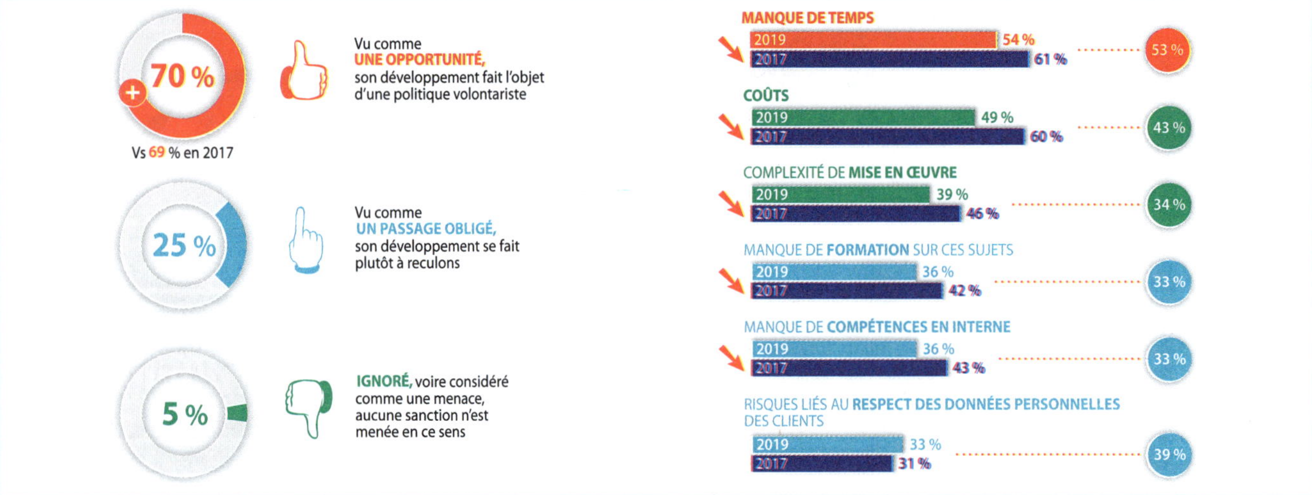

Sondage auprès de 600 chefs de PME et ETI sur leur transition numérique, www.ipsos.com

6 Identifiez quelle contradiction sur la transition numérique montrent ces deux infographies.

....

....

....

ACTIVITÉ 2 Quels sont les atouts du numérique pour l'entreprise ?

Pour constituer votre dossier, vous vous renseignez sur la transformation numérique des enseignes concurrentes.

DOC 4 La transformation numérique dans la grande distribution

Le numérique a conquis notre quotidien : le consommateur est ainsi **mieux informé** et **plus exigeant** en matière d'innovation dans les points de vente. Les enseignes de la grande distribution, soumises à une **concurrence** toujours plus rude, n'échappent pas à cette attente et doivent donc s'adapter afin de rester **compétitives** et évoluer sur leur marché, en particulier en offrant au client **une relation personnalisée** en point de vente. Carte de fidélité multicanale, liste de courses suggérée par l'enseigne selon les critères personnels du consommateur, application smartphone pour scanner les articles et éviter le passage en caisse sont autant d'innovations visant à **fidéliser le client** et à libérer le personnel des enseignes pour lui permettre de **se consacrer au conseil et à la vente**.

Delagrave, 2022.

7 Déterminez les raisons qui ont conduit à innover dans la grande distribution.

8 Expliquez la phrase soulignée dans le DOC. 4.

Et vous ?
Quels services numériques utilisez-vous pour faire vos courses ?

DOC 5 Les innovations logistiques du magasin du futur

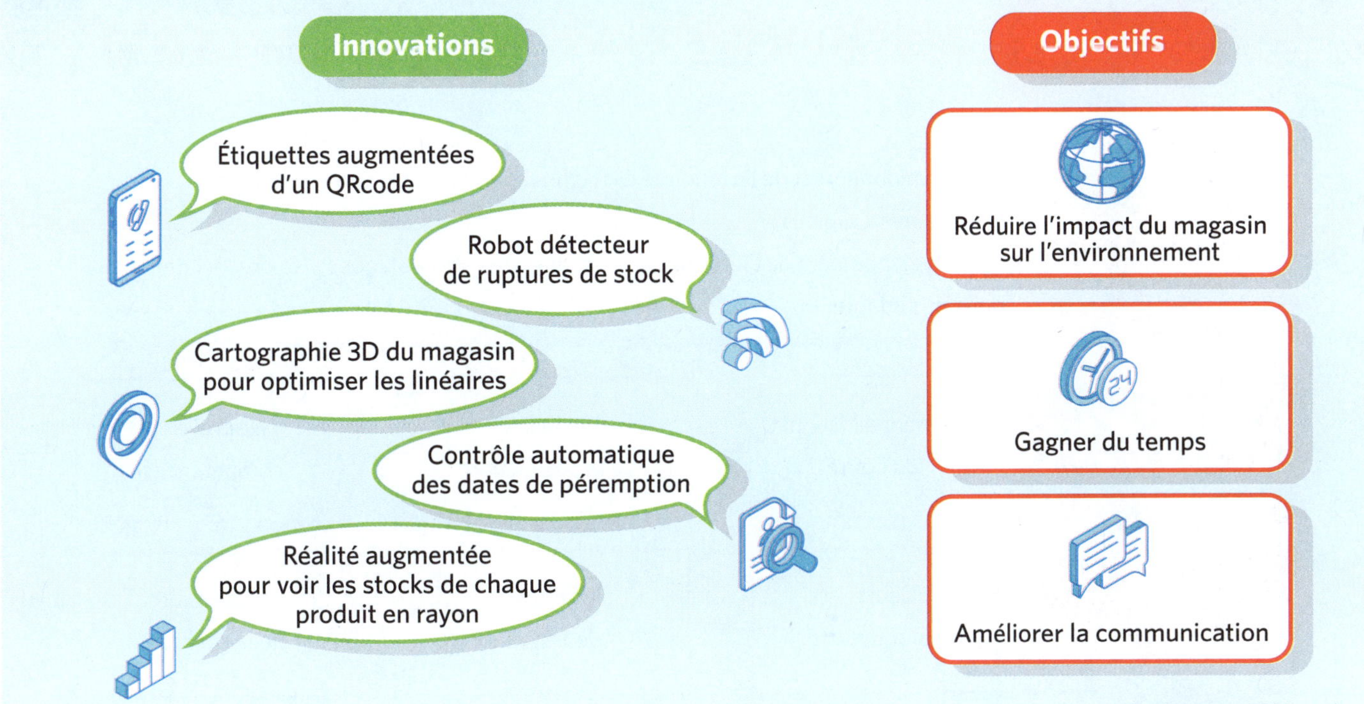

Delagrave, 2022.

DÉFINITION

Innovation : introduction sur le marché d'un produit ou d'un procédé nouveau ou significativement amélioré par rapport au précédent.

VIDÉO

L'impact de la logistique en magasin 2'00
www.lienmini.fr/ed31007logistique

9 Choisissez l'une des innovations et expliquez comment elle contribue aux objectifs.

....

....

....

....

10 Listez les acteurs à qui profitent ces innovations.

....

....

....

....

11 Expliquez comment ces innovations permettent à l'enseigne de gagner en productivité.

....

....

....

Je fais le point

Podcast
www.lienmini.fr/ed31007podcast06

Transformation numérique	• Le fonctionnement de l'économie est rythmé par des évolutions techniques extrêmement rapides. • Le développement de l'informatique est une révolution à laquelle les organisations doivent s'adapter.		
Innovations numériques	Personnalisation de l'offre	Flexibilité de la production	Nouvelles compétences
Création de valeur	Gains de productivité	Confort de travail	Fidélisation de la clientèle

Mes missions

Mission 2 Mettre en évidence l'impact du numérique sur les choix de l'organisation productive

Le numérique permet à une entreprise de modifier son organisation, c'est le cas par exemple avec la mise en place des drives. Vous vous renseignez sur les choix faits par votre entreprise et sur les enjeux d'une des conséquences de la digitalisation : le traitement à grande échelle des données personnelles.

ACTIVITÉ 1 Comment le numérique permet-il à une entreprise de modifier son organisation ?

DOC 6 Interview de Michel Édouard Leclerc

« Quand certains disent que l'hypermarché ou le magasin physique, c'est fini... Leclerc est la démonstration que dans une **stratégie omnicanale**, on peut tirer son épingle du jeu. [...] L'hypermarché reste le navire amiral chez Leclerc. Que ce soit parce qu'il est un lieu de vente, un showroom ou parce qu'il est le référent du discours de la **promesse commerciale**. [...]

Que l'on fasse du drive, du web commerce, la politique de prix, l'assortiment se réfèrent aux mêmes prix que ceux pratiqués en hyper. [...] Cela ne nous empêche pas de nous **diversifier** dans les voies et les moyens d'atteindre le consommateur. Le **drive** a été pour nous une extension par le digital de l'hypermarché. [...] Au fond, ville par ville, ouvrir des drives nous a permis d'élargir le marché. Nous avons parallèlement beaucoup travaillé notre **organisation logistique** sur ces sujets. [...] Nous sommes en train de donner le choix aux clients des modes de livraison : venir chercher ses courses au drive, se faire livrer à domicile ou venir retirer sa marchandise en point relais. »

Propos recueillis par Martine Fuxa, 23 mars 2020, www.ecommercemag.fr

COMPRENDRE L'**omnicanal** est une stratégie de distribution et de vente de produits qui utilise différents **canaux**, tant numériques que physiques, de manière totalement interconnectée.

12 Déterminez en quoi les hypermarchés et le numérique peuvent être complémentaires pour les consommateurs.

....

....

....

....

13 Expliquez la phrase soulignée dans le DOC. 6.

....

....

ACTIVITÉ 2 Quels sont les enjeux de la collecte des données personnelles ?

DÉFINITION

Donnée personnelle : toute information se rapportant à une personne physique identifiée ou identifiable soit directement (ex. nom et prénom), soit indirectement (ex. numéro de téléphone ou de Sécurité sociale, adresse, mais aussi la voix ou l'image).

Et vous ?

Listez les autorisations données lors du téléchargement de vos applications mobiles préférées. À quelles données personnelles ont-elles accès ?

COMPRENDRE La protection des données personnelles est encadrée par la loi « Informatique et Libertés » et le **Règlement général sur la protection des données** (RGPD), applicable partout en Europe. En France, c'est la **CNIL** (Commission Nationale Informatique et Libertés) qui veille à l'application de ces textes.

DOC 7 Le Big Data... qu'est-ce que c'est ?

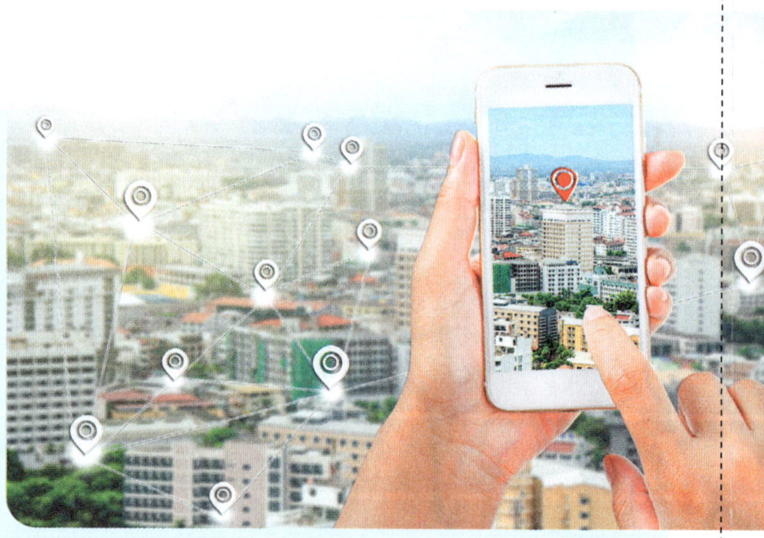

« Tous les acteurs de l'économie recherchent aujourd'hui des données, les fameuses datas », affirme Benoît Thieulin, [directeur de l'agence La Netscouade].

Comment sont-elles collectées, ces données? Certaines sont volontairement fournies via des questionnaires traditionnels : inscription à un club de gym, souscription à une carte de fidélité, questionnaire de satisfaction lors d'une location de vacances, etc. « Mais ces informations ne sont pas de très bonne qualité, souligne Fabrice Rochelandet, professeur à Paris 3 Sorbonne. [...] Vous pouvez très bien répondre n'importe quoi. À l'inverse, les données collectées à notre insu livrent des renseignements très précis sur notre comportement. »

« C'est la géolocalisation, une donnée toute bête, qui permet de capter 30 à 40 % des données », détaille Philippe Pucheral, chercheur à l'Institut national de recherche dédié au numérique (Inria). « Une application comme Waze (qui renseigne en temps réel sur l'état de la circulation), par exemple, permet de savoir où j'habite, où je travaille, si je fais du sport... [...] ».

Sur Internet, les outils pour nous suivre à la trace n'ont cessé de se perfectionner. Les plus traditionnels sont les cookies, de petits fichiers textes déposés sur le disque dur de l'ordinateur par le serveur d'un site visité. Ainsi, ce dernier reconnaîtra l'internaute lors d'une prochaine visite. Certains cookies, plus insidieux, viennent de sites partenaires, dits « tierce partie ». Un site d'information peut par exemple accueillir des bannières de publicité contenant elles-mêmes des cookies. L'internaute est alors espionné par des entreprises dont il ignore l'existence.

Autre traqueur central : l'adresse IP de l'ordinateur. Ce numéro d'identité unique permet, lui aussi, d'agréger toutes les traces de navigation d'un même ordinateur. [...]

Encore plus forts, les réseaux sociaux. Pour récupérer des données personnelles, il leur suffit de se servir! « Les déclarations au moment de l'inscription, et surtout les informations données au cours de leur utilisation, constituent une manne. [...] Certes, les conditions générales d'utilisation (CGU) fixent les règles mais avec par exemple 60 applications, cela prendrait six mois de les éplucher », a calculé Benoît Thieulin.

Cécile Coumau, www.caminteresse.fr

VIDÉO
Le Big Data 2'00
www.lienmini.fr/ed31007bigdata

14 Listez les différentes façons de collecter les données personnelles citées dans le DOC. 7.

....

....

15 Expliquez la phrase soulignée dans le DOC. 7.

....

....

16 Listez ci-dessous 3 avantages et 3 inconvénients, pour les consommateurs, à la collecte de leurs données personnelles.

Avantages	Inconvénients
1.	1. ....
2.	2. ....
3.	3. ....

DOC 8 Le Data Mining pour la grande distribution

Dans le cadre de la grande distribution, le Data Mining permet de **prédire** les comportements d'achat, de **segmenter** précisément la clientèle et de **personnaliser** la globalité du parcours d'achat.

Nous devrions prochainement voir apparaître et se généraliser les pratiques suivantes, nées du Data Mining :

- **prospectus** promotionnels segmentés par profils de clientèle,
- **achalandage** des rayons et gestion des stocks selon la consommation des clients réguliers,
- **affichage** des prix et des promotions selon les lieux et les heures,
- sur le site marchand, **page d'accueil et suggestions d'achats** différentes pour chaque client selon son historique.

Delagrave, 2022.

DÉFINITION

Data Mining : processus d'analyse de volumes massifs de données et du Big Data sous différents angles afin d'identifier des relations entre les data et de les transformer en informations exploitables par les entreprises pour saisir de nouvelles opportunités commerciales.

17 Expliquez en quoi le client devient acteur de la stratégie des entreprises de la distribution.

....

....

....

DOC 9 Connaître son client… trop bien ?

18 Proposez une analyse du DOC. 9. ☛ Rabat 4

....

....

....

....

Je fais le point

Podcast
www.lienmini.fr/ed31007podcast07

Le développement des solutions offertes par le numérique conduit à des modifications dans les organisations.

Nouvelles modalités de production
- Flexibilité
- Réorganisation spatio-temporelle
- Robotisation

Utilisation des données personnelles
- Encadrement par le RGPD
- Traitement des données par Data Mining
- Fidélisation par des offres personnalisées

À moi de jouer !

Testez-vous !
Comment le numérique influe-t-il sur la production d'une entreprise ?
www.lienmini.fr/ed31007exo03

1 | Analyser une caricature

Rabat 4

Proposez l'analyse de la caricature :
- présentez l'image ;
- décrivez-la ;
- mettez-la en contexte ;
- interprétez-en le sens.

2 | Maîtriser le vocabulaire professionnel

Repérez l'intrus parmi la liste ci-contre, puis justifiez votre réponse.

assistantvocal
datavisualisation
géolocalisation
analytique
gamification
cookies
chamallow
hyperpersonnalisation

3 | Identifier la stratégie de distribution d'une entreprise

En groupes de 3 ou 4 élèves, choisissez une enseigne de la grande distribution, spécialisée ou non. Faites les recherches sur Internet pour recenser :

- Le nombre de points de vente physiques en France ;

- Les fonctionnalités offertes par le site : Drive ? Click & Collect ? Possibilité de vérifier la disponibilité d'un produit en magasin ? Possibilité de ramener en magasin un produit commandé en ligne ?

Proposez une présentation de vos recherches sous forme d'exposé, sur support informatique. Votez pour choisir l'enseigne proposant la stratégie de distribution la plus développée.

À moi de jouer !

4 | Maîtriser le vocabulaire économique

Complétez la grille ci-dessous à partir des définitions fournies.

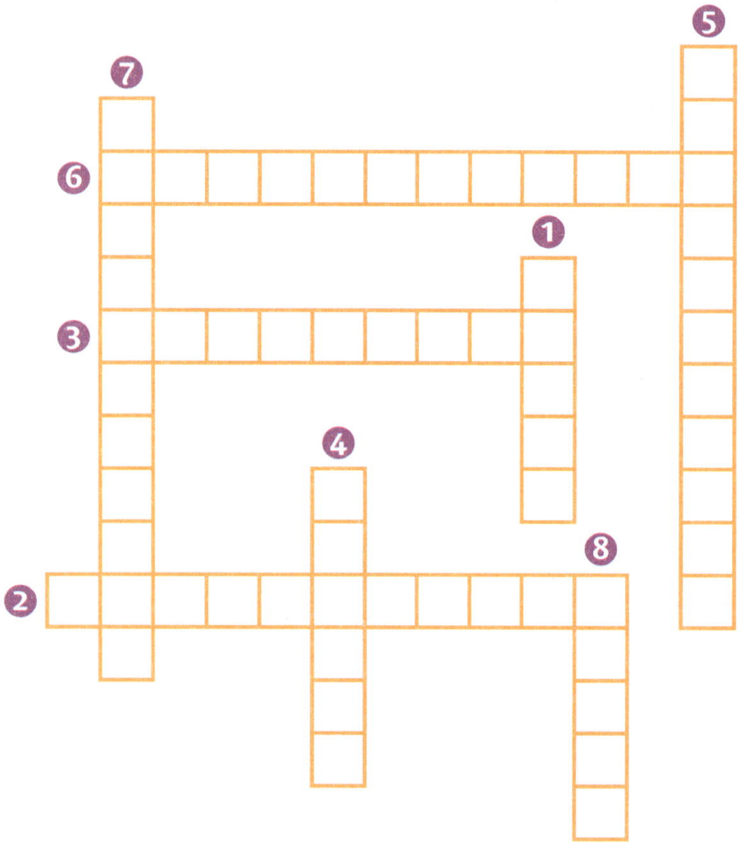

1. Point de retrait où le client prend livraison de ses articles commandés sur Internet.
2. Personne physique ou morale qui approvisionne en marchandises.
3. Action d'installer une entité à un endroit où il n'y en avait pas auparavant.
4. Personne qui achète des biens et/ou services.
5. Capacité que possède une organisation à s'adapter rapidement aux circonstances.
6. Rapport entre une production et les ressources mises en œuvre pour l'obtenir.
7. Programme informatique conçu pour répondre à des besoins précis.
8. Appareil automatique capable d'exécuter des opérations selon un programme informatique.

5 | Analyser un graphique

☛ Rabat 5

Proposez une analyse du graphique.

....

....

....

....

....

....

....

....

....

....

....

....

....

DOC 7 Le futur du shopping

Préférez-vous tester des produits en réalité virtuelle ou en magasin physique ?

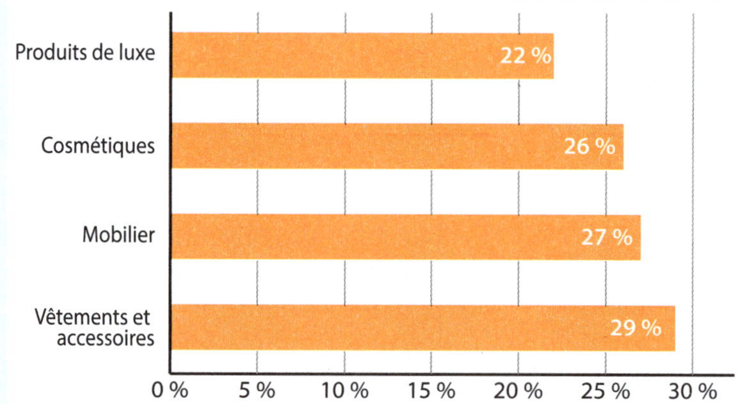

Étude Future of Shopping, Snap. Inc., 2021.

BILAN

CHAPITRE 3

Sketchnote
www.lienmini.fr/ed31007synth03

Comment le numérique influe-t-il sur la production d'une entreprise ?

Le numérique représente une **révolution** donnant naissance à de nouveaux modes de production, de distribution et de consommation.

L'adaptation des entreprises représente un enjeu majeur pour assurer leur pérennité : on parle de **transformation numérique**. Elle donne naissance à des innovations permettant :

- la collecte et l'exploitation des **données personnelles** des clients afin de **personnaliser** l'offre et les **fidéliser**.
- les **gains de productivité** grâce à la **flexibilité** de la production.
- la modification du **rapport au temps et à l'espace** afin de privilégier la réactivité et l'expérience client.

La transformation numérique est source de **création de valeur** grâce à l'apport d'**innovations** créées par et pour les organisations productives.

Les mots de l'éco

- **Avantage concurrentiel :** tout ce qui confère à une entreprise un avantage sur ses concurrents, l'aidant à attirer plus de clients et à accroître sa part de marché.
- **Big Data :** données massives liées au développement des nouvelles technologies. Ensemble de données devenu si volumineux qu'il dépasse les capacités d'analyse humaines.
- **Création de valeur :** consiste, d'une part, à accroître la productivité de l'entreprise et, d'autre part, à rechercher une croissance durable et rentable.
- **Donnée personnelle :** toute information se rapportant à une personne physique identifiée ou identifiable soit directement, soit indirectement. Ces données peuvent être exploitées par les entreprises et ont donc de la valeur.
- **Flexibilité :** caractérise la souplesse de l'organisation et des moyens de production vis-à-vis des évolutions de la demande et de l'environnement économique.
- **Gains de productivité :** amélioration de l'efficacité des facteurs de production durant une période donnée (produire autant avec moins de moyens ou produire plus avec autant de moyens).
- **Innovation :** introduction de quelque chose de nouveau : il peut s'agir d'une évolution significative d'un produit, d'un service ou d'un processus de fabrication…
- **Organisation productive :** agent économique ayant pour finalité la production de biens ou de services.
- **Réactivité :** capacité, rapidité de réaction d'une entreprise face à la demande.
- **Révolution :** au sens économique, changement drastique des conditions de production, de distribution et/ou de consommation des biens et services.

Je construis mon cours

Résumez les idées essentielles une fois chaque mission effectuée.

Mission 1 Identifier comment le numérique peut-être source de création de valeur

Mission 2 Mettre en évidence l'impact du numérique sur les choix de l'organisation productive

JE RÉPONDS À LA MISE EN SITUATION PROFESSIONNELLE

Maintenant que vous avez analysé l'ensemble des documents, M. Fromont souhaite que vous répondiez à sa demande : il vous demande donc d'effectuer une synthèse pour préparer sa future équipe du nouveau drive à l'influence du numérique sur la production de l'entreprise.

Vous devrez identifier :

- comment créer de la valeur (développer la productivité, créer de nouvelles activités, accroître la valeur perçue par les clients) ;
- les choix qui vont devoir être faits au niveau du drive (quoi ? comment ? pour qui ? où ?) ;
- les solutions que le numérique va pouvoir ou pourrait offrir à l'entreprise.

Faites preuve de structure et d'imagination. Vous utiliserez nécessairement une application numérique ou un logiciel de mise en forme afin de réaliser cette synthèse.

Méthode 3 Comprendre et analyser une image

Je comprends la méthode

DOC 1 **Webinaire de la gendarmerie des Yvelines**

www.domainestpaul.fr/cercle-des-entrepreneurs, novembre 2020.

Étape 1 Présenter l'image

- Surlignez sur le DOC. 1 : Le titre, la date de parution, le support de publication et l'auteur.
- Cochez la nature de l'image : ○ Dessin de presse ○ Photographie ○ Infographie ○ Publicité ○ Affiche ○ Illustration
- Identifiez le sujet : ……………………………………………………………………
- Identifiez le public visé : ……………………………………………………………………

J'ai validé l'étape 1

Étape 2 Décrire l'image

- Repérez les éléments présents sur l'image (personnages, évènements, objets, symboles, messages écrits) : ……………………………………………………………………

……………………………………………………………………

……………………………………………………………………

J'ai validé l'étape 2

Étape 3 Mettre l'image en contexte

- Déterminez et cochez le ou les contexte(s) de l'image :

○ Économique ○ Juridique ○ Historique ○ Politique ○ Social ○ Environnemental

J'ai validé l'étape 3

Étape 4 Interpréter le sens de l'image

- Identifiez le message que fait passer cette image (lien entre l'image, ses éléments et son contexte) :

……………………………………………………………………

……………………………………………………………………

……………………………………………………………………

……………………………………………………………………

J'ai validé la méthode

J'applique la méthode

☛ Rabat 4

DOC 2 **Certification Data Scientist : une formation réservée aux demandeurs d'emploi de la région Grand Est**

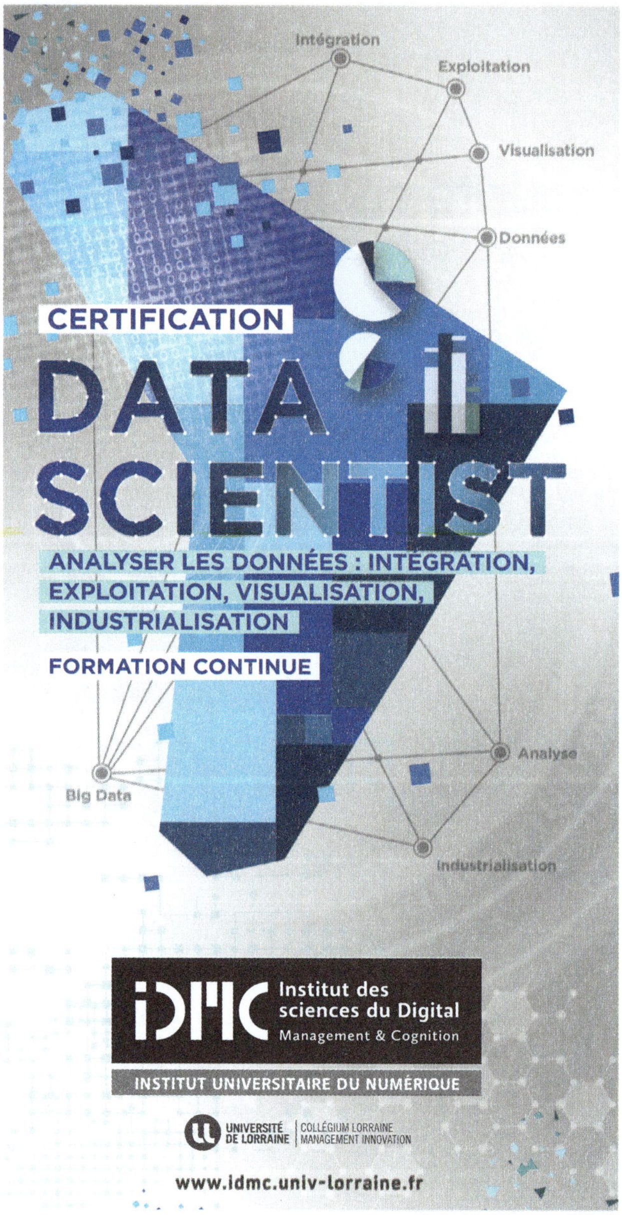

Université de Lorraine, octobre 2020.

Les étapes à suivre

1. Présenter l'image
2. Décrire l'image
3. Mettre l'image en contexte
4. Interpréter le sens de l'image

Vers le BAC

3

Comment le numérique influe-t-il sur la production d'une entreprise ?

MISE EN SITUATION

Vous réalisez actuellement votre PFMP dans le magasin Rouge Spectacle qui commercialise vêtements et accessoires de mode pour les danseurs. L'entreprise se situe à Paris et les clients se trouvent essentiellement dans la capitale et alentours. Mme Camara aimerait développer sa clientèle en créant un site Internet où elle commercialiserait ses produits. L'entreprise s'interroge actuellement à digitaliser une partie ou l'ensemble de ses activités. À ce titre, Mme Camara vous confie un dossier et vous demande de travailler afin de l'éclairer sur la question qu'elle se pose :

Quelle est l'influence du numérique sur la production d'une entreprise ?

Partie 1 Exploitation des documents

Afin de préparer l'étude demandée par Mme Camara, étudiez les DOCS **1** À **3** et répondez aux questions suivantes.

1. **Sur votre copie, résumez en 8 à 10 lignes les idées principales du** DOC. **1.**
2. **À l'aide des documents et de vos connaissances, répondez sur votre copie aux questions suivantes :**
   - 2.1. Comment le numérique peut-il améliorer la connaissance des clients pour l'entreprise Rouge Spectacle ?
   - 2.2. Que doit respecter l'entreprise Rouge Spectacle si elle souhaite utiliser les informations de ses clients pour les fidéliser ?
3. **Repérez les idées principales des** DOCS **2** ET **3**, **en recopiant le tableau de l'annexe 1 p. 165.**

Partie 2 Écrit structuré

À l'aide de vos connaissances et du dossier joint, vous rédigerez une réponse structurée et argumentée (en suivant le plan proposé ci-dessous) à la question posée par Mme Camara :

Quelle est l'influence du numérique sur la production d'une entreprise ?

Dans une introduction, présenter la problématique, expliciter ses concepts essentiels et annoncer le plan.

1. **Les apports bénéfiques du numérique**
   - a. Les avantages de production
   - b. Les améliorations de la relation client
2. **Les contraintes de la mise en place du numérique**
   - a. Les freins au développement du numérique
   - b. Les leviers à mettre en place

Dans une conclusion, vous répondrez de manière synthétique à la problématique.

DOSSIER DOCUMENTAIRE

DOC 1 La digitalisation de l'entreprise : toujours plus indispensable

Quel que soit le secteur d'activité de votre entreprise, celle-ci peut développer ses ventes, améliorer ses marges, automatiser ses processus de production et de gestion, accroître sa notoriété et son influence, sophistiquer ses process qualité et logistiques et même augmenter son niveau de créativité et satisfaire à vos obligations de gestion de vos documents grâce aux outils digitaux. **Le digital est donc partout et les crises sanitaire et économique actuelles ne font qu'amplifier son utilité.** En réalité, c'est aussi tout le rapport de l'entreprise avec son marché qui évolue très rapidement. [...]

La transformation digitale des entreprises a aussi pour objectif de développer les relations commerciales. Ces échanges peuvent être purement commerciaux, comme l'est un site Internet marchand. Ils peuvent avoir pour objectif de déployer des campagnes de fidélisation des clients. Ils sont utiles en ce qui concerne la relation de service après-vente d'un produit ou d'un service. Ils permettent de fournir des statistiques afin de mieux connaître ses clients. [...]

Le stockage et le traitement des données clients est soumis à la RGPD : attention donc à ce volet légal [...].

entreprendre.fr, février 2021.

DOC 2 75 % des PME françaises accélèrent leur transformation numérique en raison de la pandémie

208 Milliards $
pourraient être ajoutés au PIB du pays d'ici 2024 grâce à la numérisation des petites entreprises

Top - Domaines Impactés (COVID-19)
- 13% Méthodes de Travail
- 13% Production

Top - Défis de la Numérisation
- 14% Pénurie de compétences et talents numériques dans l'entreprise
- 13% Manque de budget ou d'engagement des équipes de management

Top - Investissements Technologiques
- 32% Investir dans des solutions de travail à distance et/ou dans l'automatisation des processus de base
- 27% Investir dans le développement ou la création de solutions numériques (produits, services ou offres)

Numérisation - Petites Entreprises
- 59% des petites entreprises sont des "Digital Observer"
- 94% des petites entreprises disent que la COVID-19 les a rendu plus dépendantes de la technologie
- 82% des petites entreprises ont le sentiment que la Covid-19 va accélérer la numérisation de leur entreprise de 11% à 50%

France
Digital Observer

11ème
Classement International sur la Maturité des Petites Entreprises

itsocial.fr, septembre 2020.

DOC 3 Résultats de la 5e édition du baromètre Croissance & Digital de l'Association de l'économie numérique

FOCUS RÉGIONS — Ile-de-France — baromètre CROISSANCE & DIGITAL

47% reconnaissent que le digital **contribue à leur chiffre d'affaires** (41% moyenne nationale), à hauteur de plus de 15% sur l'année 2021 pour 33% d'entre elles (20% moyenne nationale), dont plus de 50% pour 13% (7% moyenne nationale)

54% misent sur un ou plusieurs canaux de vente digitaux (52% moyenne nationale)

15% ont besoin d'accompagnement pour mener à bien leur transformation digitale (19% moyenne nationale)

Principaux leviers d'actions

1. **59%** souhaitent une meilleure adaptation à leurs besoins des formations au digital, une priorité pour 21% (59% dont 14% prioritaire moyenne nationale)
2. **58%** considèrent la simplification de l'accès aux aides financières comme un levier important voire prioritaire pour 14% (60% dont 17% prioritaire moyenne nationale)
3. **56%** considèrent la simplification des outils digitaux comme un levier important voire prioritaire pour 14% d'entre elles (60% dont 17% prioritaire moyenne nationale)

acsel.eu, 2021.

4

Économie

Comment mesurer l'activité économique ?

Capacités
- Interpréter des indicateurs de l'activité économique.
- Commenter les indicateurs de l'économie française au regard d'autres pays européens.

Notions abordées
- PIB
- Balance commerciale
- Croissance économique
- Développement économique
- Autres indicateurs : IDH, ensemble d'indicateurs du développement durable

SITUATION PROFESSIONNELLE

Vous êtes stagiaire à la Chambre de commerce et d'industrie de Béziers en tant qu'agent d'accueil. Votre tutrice, Sabrina Renoir, souhaite que vous découvriez quelques services incontournables de l'organisation pendant votre première semaine de stage, pour bien renseigner et orienter les usagers. Avant de vous adresser à M. Lombard, directeur du service des études économiques, Sabrina vous explique que la CCI participe au développement économique de son territoire et apporte un appui individuel ou collectif aux entreprises et porteurs de projets. Elle soutient les intérêts des entreprises de son territoire auprès des services publics et collectivités.
À la fin de votre semaine de découverte, vous lui remettrez un travail de synthèse sur la situation économique de la France.

VIDÉO
Qu'est-ce que le produit intérieur brut ? 2'53
www.lienmini.fr/ed31007pib

Je découvre la question

Comment : interroge sur la manière dont une action se déroule et sur les moyens employés.

Comment mesurer l'activité économique ?

Mesurer : déterminer la valeur de quelque chose, d'une grandeur ou d'une quantité, qui permettra d'évaluer et/ou de comparer des données.

Activité économique : ensemble des actions que doit accomplir la population afin de satisfaire ses besoins grâce à la production et la distribution de biens et de services impliquant des échanges marchands et parfois non marchands. On les classe généralement en trois secteurs économiques, dits primaire, secondaire et tertiaire, auxquels est parfois ajouté un secteur quaternaire regroupant les activités *high-tech* (technologies informatiques), aérospatiales (lancement de satellites), bio-industrielles, etc.

Reformulation de la problématique

Quels indicateurs permettent de connaître l'état de santé et le niveau de vie économique et social d'un pays ?

Et vous ?
Comment participez-vous à la création de richesse pour le pays ?

Mes missions

Mission 1 Interpréter des indicateurs de l'activité économique

Mission 2 Commenter les indicateurs de l'économie française au regard d'autres pays européens

Mes missions

Mission 1 Interpréter des indicateurs de l'activité économique

M. Lombard vous accueille et vous explique son métier : « Mon travail consiste à fournir des études économiques et des chiffres liés à l'activité économique locale, départementale, régionale, voire nationale et internationale à destination des entreprises, des porteurs de projets et des collectivités. Nous aidons les usagers à trouver les bonnes informations pour prendre les bonnes décisions pour la création ou le développement de leur activité ».

ACTIVITÉ 1 Quels sont les indicateurs de la croissance économique ?

(DÉFINITIONS)

Croissance économique : accroissement sur une période plus ou moins longue des quantités de biens et services produits par les agents économiques dans un pays. La croissance économique est mesurée par plusieurs indicateurs qui permettent de l'évaluer et de comparer les pays entre eux.

Valeur ajoutée : est égale au chiffre d'affaires de l'entreprise – ses consommations intermédiaires (biens/services utilisés durant le processus de production).

PIB (produit intérieur brut) : indicateur qui correspond à la somme des valeurs ajoutées (VA). Le PIB est souvent considéré comme l'indicateur principal de mesure de l'activité économique et de la création de richesse.

DOC 1 Taux de croissance annuel du PIB de la France (en %) entre 2008 et 2020

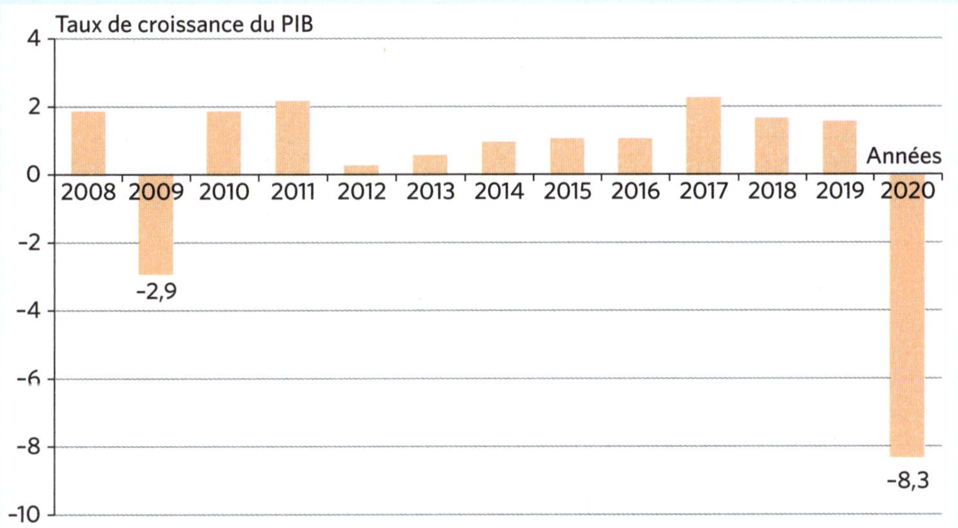

Insee, 2021.

COMPRENDRE L'activité économique se mesure à l'aide d'**indicateurs** construits à partir de données statistiques afin d'être aussi objectif que possible.

VIDÉO Covid : le PIB français chute de 8,3 % en 2020 3'47
www.lienmini.fr/ed31007covid

1. Entourez sur le DOC. 1 les années dites de « crise économique ».

2. Expliquez ce qu'il se passe en 2020.

....

....

....

3. Précisez si la France a créé plus de richesse en 2017 ou en 2018.

....

....

COMPRENDRE La **balance commerciale** des biens et services chiffre la différence entre les exportations et les importations. Une **balance positive** indique que les exportations dépassent en valeur les importations (excédent commercial). Une **balance négative** indique que les importations dépassent les exportations (déficit commercial).

VIDÉO La balance commerciale 1'38
www.lienmini.fr/ed31007balance

DOC 2 Les chiffres clés du commerce extérieur en 2020

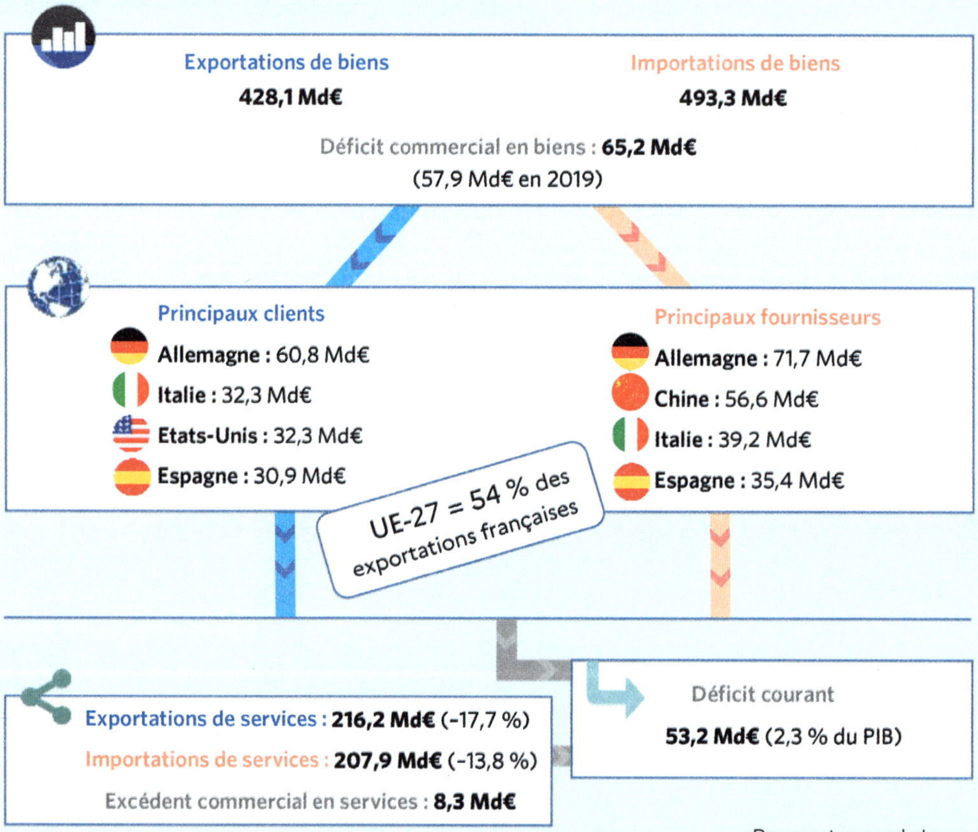

Rapport annuel du commerce extérieur de la France, février 2021.

4 Calculez l'ensemble des exportations et des importations de la France.

....

5 Expliquez pourquoi la balance commerciale est déficitaire en France.

....

6 Qualifiez la relation commerciale entre la France et l'Allemagne.

....

....

DÉFINITION

Taux de croissance : indicateur qui permet de mesurer l'évolution de la croissance d'un pays d'une année sur l'autre. Il est défini par la formule suivante qui relie les produits intérieurs bruts(PIB) de l'année N et de l'année N-1 :

$$taux\ de\ croissance = \frac{PIB^{\text{année N}} - PIB^{\text{année N-1}}}{PIB^{\text{année N-1}}} \times 100$$

Si le résultat est positif, il y a croissance. Si le résultat est négatif, il y a récession, ce qui traduit une crise économique.

DOC 3 Part des indicateurs économiques qui soutiennent la croissance

	PIB 2019 en milliards d'€	PIB 2020 en milliards d'€	Taux de croissance 2019-2020	% PIB en 2020
Consommation et investissements des ménages	1 393	1 293,4	....	....
Investissements des entreprises	320,8	296,7	....	....
Dépenses et investissements de l'État	649	663,4	....	....
Balance commerciale : solde commercial (exportations-importations)	– 23,7	– 46,5	....	....
Autres ressources	86,6	95,9	10,74	4,16 %
Total PIB	**2 425,7**	**2 302,9**	**–5,06 %**	**100 %**

Données Insee.

7 Surlignez sur le DOC. 3 les agents économiques qui participent à la création de richesses d'un pays.

8 Complétez le DOC. 3 pour calculer la part et le taux d'évolution de chaque composante de la croissance.

9 Entourez sur le DOC. 3 l'agent économique qui peut être considéré comme le moteur de la croissance en France.

DOC 4 Prévisions de croissance du PIB en décembre 2018 et mars 2021

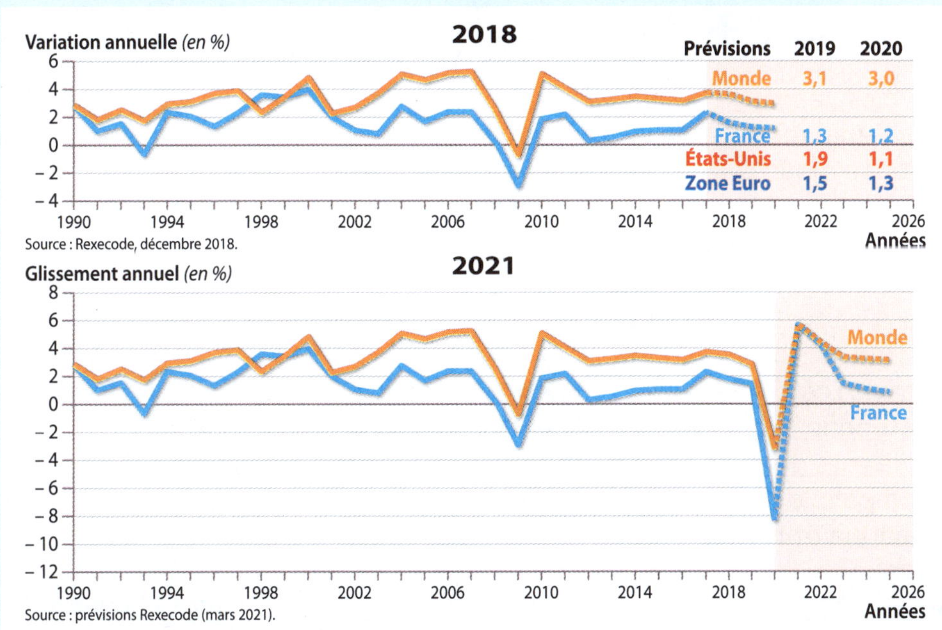

Données www.rexecode.fr

10 Comparez les deux graphiques du DOC. 4 pour l'année 2020 au niveau mondial. Que constatez-vous ?

....

....

....

11 À l'aide de vos connaissances, indiquez les conséquences d'une augmentation du PIB d'une année sur l'autre.

....

....

....

ACTIVITÉ 2 Quelles sont les limites du produit intérieur brut (PIB) ?

M. Lombard vous explique que le niveau de vie des habitants de la ville de Béziers est bien inférieur à la moyenne nationale (15 318 € par an contre 20 369 € par an en moyenne pour la France). La ville se classe même à la 32 571e place sur 32 974 communes. Cependant, les habitants sont heureux et l'agglomération attire toujours plus de monde : + 47 000 habitants en 5 ans dans l'agglomération.

COMPRENDRE Le **PIB** est un **indicateur économique** pertinent pour juger de l'accroissement de la production dans un pays, mais outre le fait qu'il exclut les activités domestiques, bénévoles et souterraines, il présente de **nombreuses limites** qui en font un indicateur inadapté pour juger de l'état de bien-être ou de progrès d'une société (progrès social et environnemental). Le **BIB** (bonheur intérieur brut), l'**IDH** (indice de développement humain), le **PIB vert**, l'**IBM** (Indice du bonheur mondial), l'**IWI** (Inclusive Wealth Index)... sont de nouveaux indicateurs qui permettent de mesurer autrement et plus finement la croissance et le développement économique, en prenant en compte d'autres critères d'évaluation.

VIDÉO
Les limites du PIB
2'50
www.lienmini.fr/ed31007limites

DOC 5 Croissance économique : 4 raisons d'abandonner le PIB

La croissance économique mesurée par la variation du PIB d'une année sur l'autre reste l'indicateur économique de référence pour évaluer le « progrès ».

Pourtant, économistes et sociologues sont de plus en plus nombreux à militer pour son abandon. La raison ? Il ne renseigne en rien sur le bien-être de la population ni sur l'état de la biodiversité et des écosystèmes dans le pays. Les chiffres nous montrent que la croissance économique creuse les inégalités et n'augmente pas le bien-être. Pire, elle est totalement incompatible avec la lutte contre le changement climatique et la préservation des écosystèmes.

La croissance du PIB est corrélée à une altération du capital naturel

L'ONU a lancé un nouvel indicateur économique pour remplacer le PIB, l'Inclusive Wealth Index (IWI). Il agrège le capital naturel, la production, le capital humain et social. [...] La croissance des dernières décennies s'est accompagnée d'une chute de 40 % du capital naturel par rapport à son niveau de 1990. [...]

La croissance ne rend pas heureux

Après avoir multiplié par plus de 5 fois leur PIB entre 1990 et 2015, les Chinois sont-ils plus heureux ? Il semblerait que non, d'après une étude évaluant leur niveau de satisfaction subjective réalisée par Richard Easterlin. [...]

La croissance dilapide les ressources et contribue aux émissions de CO_2

Selon un rapport de l'ONU, l'utilisation des ressources naturelles a plus que triplé depuis 1970. [...].

Toujours selon ce rapport de l'ONU, « 90 % de la perte de biodiversité et du stress hydrique* sont dus à l'extraction et au traitement des ressources. Ces mêmes activités contribuent à près de la moitié des émissions de gaz à effet de serre à l'échelle mondiale ».

Philippe Oberlé, www.green-economy.fr.

*Raréfaction de l'eau.

12 Expliquez la phrase soulignée dans le DOC. 5.

....

....

13 Surlignez sur le DOC. 5 les nouveaux critères pris en compte pour mieux déterminer la croissance.

14 Listez les trois principales conséquences de l'extraction massive des ressources.

....

....

....

VIDÉO
Qu'est-ce que l'IDH?
1'56
www.lienmini.fr/ed31007idh

DOC 6 Exemples d'indicateurs de bien-être

Répartition d'activités
en minutes par jour, en 2020

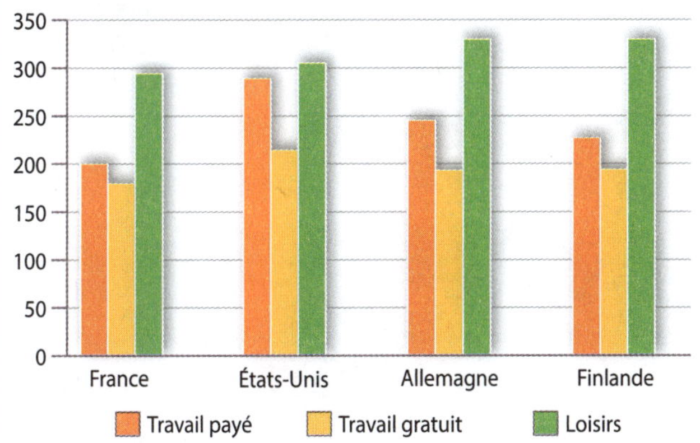

Travail gratuit : travail non compté dans le PIB (associatif, tâches ménagères…)

Évolution de la mortalité infantile
en %, pour mille naissances

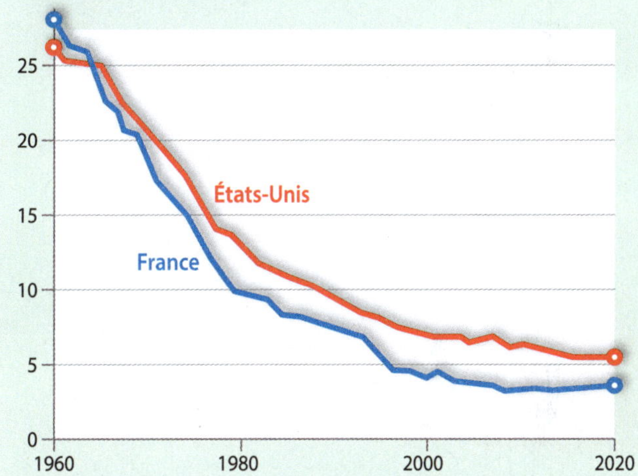

Morts prématurées dues à la pollution de l'air par l'ozone
en millions d'habitants

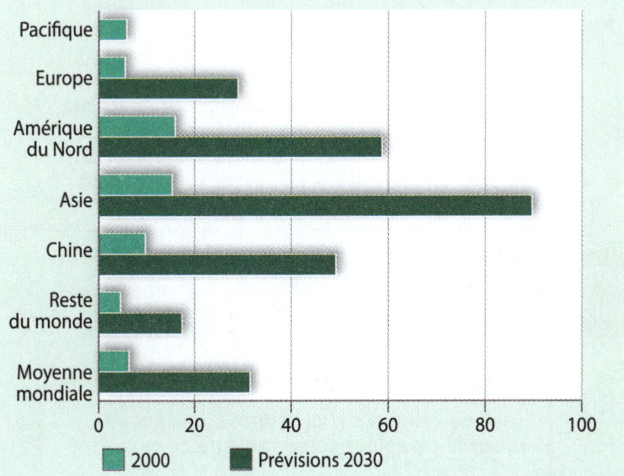

En 2020, le revenu par tête d'un Français était 0,65 fois celui d'un Américain, en revanche l'espérance de vie d'un Français était 1,049 fois plus élevée.

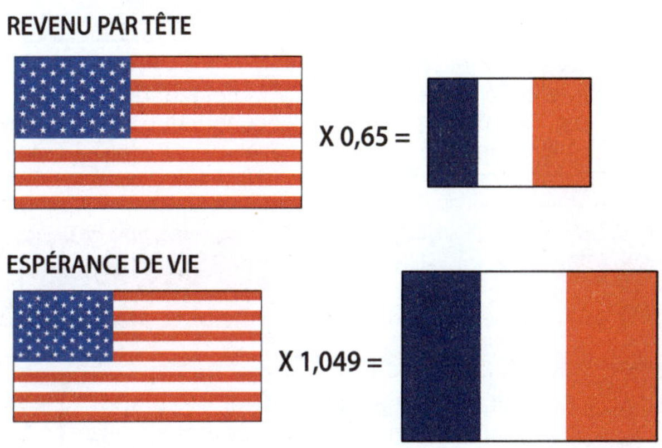

OCDE.

15 Surlignez les indicateurs de bien-être proposés dans le DOC.6.

16 Comparez le niveau de bien-être de la France avec celui des États-Unis : indiquez par une croix le pays le mieux positionné pour chaque indicateur.

	France	États-Unis
Espérance de vie		
Mortalité infantile		
Temps passé au travail		
Niveau d'ozone		
Revenu par habitant		
Temps consacré aux loisirs		
Évolution de la pollution		

17 Qu'en concluez-vous ?

....

....

....

....

....

....

Et vous ?

Sur une échelle de 1 à 10, à quel niveau de bien-être, de bonheur vous situez-vous ? Expliquez pourquoi.

Je fais le point

Podcast www.lienmini.fr/ed31007podcast08

L'activité économique se mesure à l'aide d'indicateurs construits à partir de données statistiques

- **Valeur ajoutée** mesure la richesse créée par chaque agent économique
- **PIB** indicateur de l'activité économique d'un pays et en mesure la richesse
- **Taux de croissance du PIB** mesure la croissance économique d'un pays
- **Balance commerciale** chiffre la différence entre les exportations et les importations

Mais le PIB est un indicateur d'activité qui connaît des limites

- Il comptabilise toutes les activités y compris celles qui constituent un coût pour la société (traitement des déchets, dépollution).
- Il ne dit rien sur le bien-être d'une société, ni sur le caractère soutenable de ce bien-être.

D'autres indicateurs complètent le PIB : l'IDH, l'espérance de vie, la pollution, les loisirs, la santé, le bien-être, le bonheur, les ressources naturelles, la biodiversité.

Mes missions

Mission 2 Commenter les indicateurs de l'économie française au regard d'autres pays européens

M. Lombard vous propose maintenant de mesurer le niveau de vie des Français et de comparer l'économie de la France aux pays de l'UE.

ACTIVITÉ 1 Quelle place la France occupe-t-elle au sein de l'Union européenne d'un point de vue économique ?

COMPRENDRE Utiliser des indicateurs communs et normés permet de **comparer les performances** de différents pays.

DOC 7 Le PIB des 10 pays les plus riches de l'UE

Pays	Rang mondial (PIB)	PIB 2020 (en milliards d'euros)	Population 2020 (en millions)	PIB/ Habitant (arrondir à l'entier le plus proche)	Rang dans l'UE (PIB)	Rang dans l'UE (PIB/hab)
Allemagne	4	3 332	83	....	1	....
France	7	2 279	68	....	2	....
Italie	9	1 651	60, 2	....	3	....
Espagne	14	1 121	47, 3	....	4	....
Pays-Bas	18	798, 7	17, 4	....	5	....
Suède	22	472, 3	10, 3	....	6	....
Pologne	23	521, 5	38, 3	....	7	....
Belgique	24	451, 2	11, 5	....	8	....
Autriche	28	375, 6	9	....	9	....
Irlande	29	366	5, 2	....	10	....

Eurostat.

COMPRENDRE Le **PIB par habitant** reflète le niveau de vie des habitants. Il est plus efficace que le PIB pour mesurer le développement d'un pays. En effet, rapporter le PIB au nombre d'habitants permet de mesurer le niveau de vie des habitants. Cependant, il n'est qu'une moyenne ; par conséquent, il cache les inégalités au sein de la population.

18 Calculez dans le DOC. 7 le PIB par habitant de chaque pays et classez les pays selon leur niveau de richesse par habitant au sein de l'UE.

19 Qu'en concluez-vous pour la France ?

....

....

....

....

....

DOC 8 Poids de la dette publique dans l'UE en %

Pays	2018	2019	2020
Allemagne	61,8	59,7	69,8
Autriche	74,0	70,5	83,9
Belgique	99,8	98,1	114,1
Bulgarie	22,3	20,2	25,0
Chypre	99,2	94,0	118,2
Croatie	74,3	72,8	88,7
Danemark	34,0	33,3	42,2
Espagne	97,4	95,5	120,0
Estonie	8,2	8,4	18,2
Finlande	59,7	59,5	69,2
France	98,0	97,6	115,7
Grèce	186,2	180,5	205,6
Hongrie	69,1	65,5	80,4
Irlande	63,0	57,4	59,5
Italie	134,4	134,6	155,8
Lettonie	37,1	37,0	43,5
Lituanie	33,7	35,9	47,3
Luxembourg	21,0	22,0	24,9
Malte	44,8	42,0	54,3
Pays-Bas	52,4	48,7	54,5
Pologne	48,8	45,6	57,5
Portugal	121,5	116,8	133,6
Rép. tchèque	32,1	30,3	38,1
Roumanie	34,7	35,3	47,3
Slovaquie	49,6	48,2	60,6
Slovénie	70,3	65,6	80,8
Suède	38,9	35,0	39,9

Eurostat, 2021.

VIDÉO
La dette de l'État
3'20
www.lienmini.fr/ed31007dettepub

20 Surlignez les affirmations suivantes qui sont vraies.

Affirmations
a. La Grèce est le pays le plus endetté de l'UE en 2020 en % de son PIB.
b. La France a sa dette inférieure à son PIB en 2020.
c. L'Estonie est le pays qui a plus que doublé sa dette entre 2018 et 2020.
d. Les pays de l'UE ont un endettement moyen de 90,7% en 2020.
e. L'Allemagne a un taux d'endettement supérieur à celui des pays de l'UE en 2020.
f. La dette de la France a augmenté en 2020.

DOC 9 Le chômage en Europe

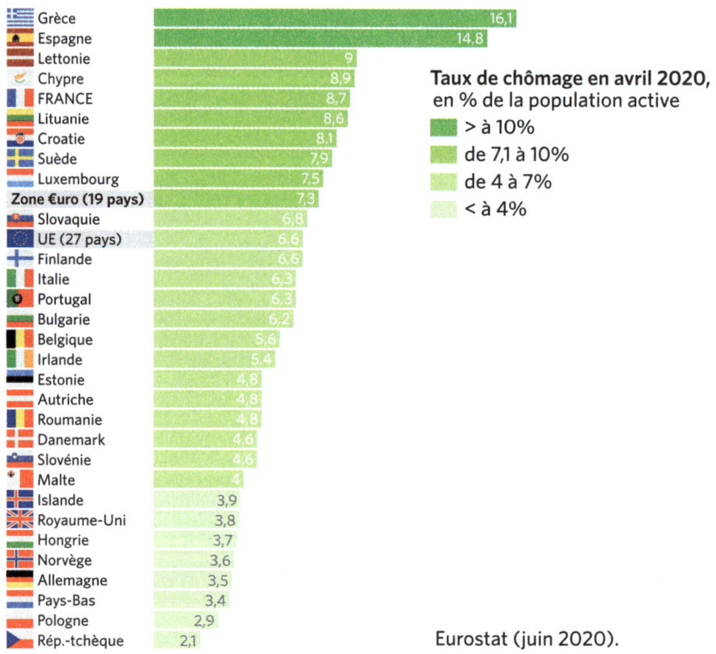

Eurostat (juin 2020).

21 Commentez le taux de chômage de la France au regard des autres pays européens.

....

....

....

....

....

ACTIVITÉ 2 Comment se positionne la France en matière de développement durable ?

DÉFINITION

Développement durable : conception de la croissance qui s'inscrit dans une perspective de long terme et qui intègre les contraintes liées à l'environnement.
Les **objectifs de développement durable (ODD)** sont 17 objectifs établis par les Nations unies pour parvenir à un avenir meilleur et plus durable pour tous.

VIDÉO

Comprendre les objectifs de développement durable
1'00
www.lienmini.fr/ed31007odd

DOC 10 Les ODD

1. Éradication de la pauvreté ;
2. Lutte contre la faim ;
3. Accès à la santé ;
4. Accès à une éducation de qualité ;
5. Égalité entre les sexes ;
6. Accès à l'eau salubre et à l'assainissement ;
7. Recours aux énergies renouvelables ;
8. Accès à des emplois décents ;
9. Bâtir une infrastructure résiliente [...] ;
10. Réduction des inégalités ;
11. Villes et communautés durables ;
12. Consommation et production responsables ;
13. Lutte contre le changement climatique ;
14. Vie aquatique ;
15. Vie terrestre ;
16. Justice et paix ;
17. Partenariats pour la réalisation des objectifs.

www.sdgindex.org

DOC 11 Le top 10 sur 165 pays en 2020

Rank	Country	Score
1	Finland	85,9
2	Sweden	85,6
3	Denmark	84,9
4	Germany	82,5
5	Belgium	82,2
6	Austria	82,1
7	Norway	82,0
8	France	81,7
9	Slovenia	81,6
10	Estonia	81,6

www.sdgindex.org

DOC 12 Les performances de la France

Performances par ODD en 2020

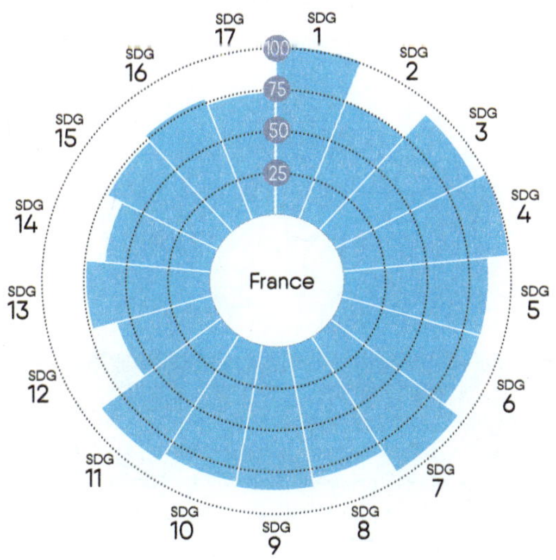

www.sdgindex.org

22 Rédigez une courte présentation structurée des performances de la France en matière d'engagements pour les ODD. Vous positionnerez la France par rapport aux autres pays puis, vous indiquerez le ou les objectifs atteints, enfin, vous présenterez le ou les objectifs qui seront difficiles à atteindre et direz pourquoi.

COMPRENDRE Le cadre européen pour le climat et l'énergie fixe trois grands objectifs pour 2030 :
- réduire les **émissions de gaz à effet de serre (GES)** d'au moins 40 % (par rapport aux niveaux de 1990) ;
- porter la part des **énergies renouvelables** à au moins 27 % ;
- améliorer l'**efficacité énergétique** d'au moins 27 %.

DOC 13 Part de l'énergie provenant de sources renouvelables dans l'UE

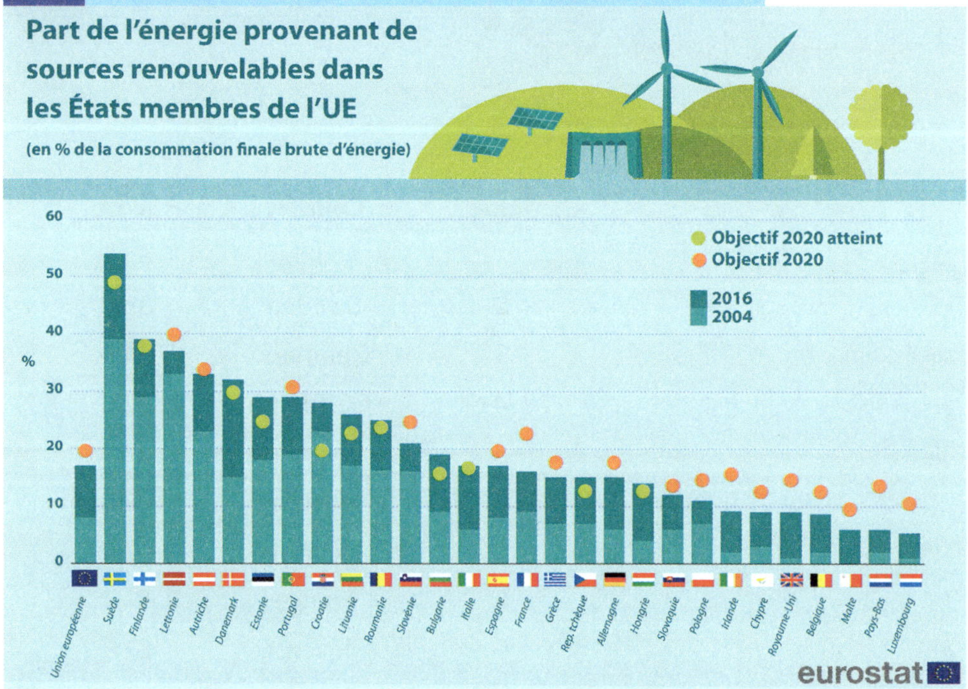

ww.ecoco2.com, données Eurostat.

23 Indiquez si la France a progressé dans ses objectifs pour 2030 et si les objectifs seront atteints.

....

....

....

....

....

....

....

Et vous ?
Avez-vous observé des actions pour protéger l'environnement dans votre entreprise de PFMP ? Lesquelles ?

Je fais le point

Podcast www.lienmini.fr/ed31007podcast09

PIB : 2e place de l'UE
(2 279 milliards d'euros en 2020)

PIB/habitant : 7e place
(33 515 dollars par personne en 2020)

Endettement :
(115,7 % du PIB)

Taux de chômage :
(8,7 % de la population active)

ODD (objectifs de développement durable) : la France est bon élève dans de nombreux domaines : pauvreté, santé, éducation, égalit hommes/femmes...
Moins bon élève en matière d'émission de GES ou de production d'énergies renouvelables.

À moi de jouer !

✔ Testez-vous !
Comment mesurer l'activité économique ?
www.lienmini.fr/ed31007exo04

1 | Trouver l'intrus

Trouvez l'intrus dans la liste de mots ci-contre puis justifiez votre réponse.

2 | Étudier un tableau

☛ Rabat 7

DOC Les pays les plus heureux du monde

Pays	Indice mondial de bonheur
1. Finlande	7,842
2. Danemark	7,620
3. Suisse	7,571
4. Islande	7,554
5. Pays-Bas	7,464
6. Norvège	7,392
7. Suède	7,363
8. Luxembourg	7,324
9. Nouvelle-Zélande	7,277
10. Autriche	7,268
21. France	6,690

Critères : PIB/habitant, espérance de vie, liberté, générosité, absence de corruption, niveau d'aide sociale.

World Happiness Report 2021.

Réalisez une courte synthèse de ce tableau.

3 | Débattre : « L'argent ne fait pas le bonheur »

Constituez 2 groupes d'élèves : un premier groupe qui pense que l'argent fait le bonheur et un second qui pense l'opposé. Après une mise en commun des idées pendant 30 minutes, chaque groupe défendra son point de vue à l'oral et présentera ses arguments dans un diaporama.

4 | Maîtriser le vocabulaire économique

Complétez la grille ci-contre à l'aide des définitions proposées.

1. Vente réalisée à l'étranger.
2. Achat effectué à l'étranger.
3. Mesure la création de richesse.
4. Accumulation de crédits.
5. Croissance respectueuse de l'environnement.
6. Naturellement épuisables.

5 | Analyser un dessin de presse

☛ Rabat 4

Qu'évoquent pour vous ces 2 illustrations ?

....

....

....

....

....

BILAN

CHAPITRE 1

Sketchnote

www.lienmini.fr/ed31007synth04

Comment mesurer l'activité économique ?

Indicateurs de création de richesse	Indicateurs de bonheur, de bien-être	Indicateurs de développement durable
L'activité économique se mesure à l'aide d'indicateurs construits à partir de données statistiques (PIB, taux de croissance, balance commerciale…). Mais ces indicateurs présentent des limites car ils ne prennent pas en compte tous les aspects de la société.	Permettent d'évaluer le niveau de développement d'un pays grâce à de nouveaux critères comme l'espérance de vie, le niveau d'éducation, le temps de loisirs, la santé des populations, l'épuisement des ressources naturelles, l'impact sur la biodiversité (ex. : IDH)…	Atteindre les 17 objectifs de développement durable (ODD) fixés par les États membres des Nations unies pour un avenir meilleur et plus durable pour tous. Ils répondent aux défis mondiaux auxquels sont confrontés les peuples (pauvreté, inégalités, climat, paix, justice…).

Les mots de l'éco

- **Balance commerciale :** différence entre les exportations (ventes de produits vers l'étranger) et les importations (achats de produits de l'étranger) de biens et services dans une économie, sur une période données.
- **Croissance économique :** accroissement sur une période plus ou moins longue des quantités de biens et services produits par les agents économiques dans un pays. Il y a des phases d'accélération de la croissance, des phases de ralentissement, voire de crise. La croissance économique est mesurée par plusieurs indicateurs qui permettent de l'évaluer et de comparer les pays entre eux.
- **Développement durable :** doit répondre à nos besoins présents, sans que cela empêche les générations du futur de répondre aux leurs. C'est la notion qui définit la transition et le changement dont a besoin notre planète et ses habitants pour vivre dans un monde plus équitable, en bonne santé et en respectant l'environnement.
- **IDH (indice de développement humain) :** indicateur qui prend en compte l'espérance de vie, le niveau d'éducation et le temps de loisirs pour évaluer le niveau de développement d'une population.
- **Indicateur :** donnée chiffrée qui permet de mesurer et comparer certaines dimensions d'une activité.
- **PIB (produit intérieur brut) :** indicateur qui mesure la richesse créée sur une période donnée (généralement l'année) par les agents économiques d'un pays. Le PIB est la somme des valeurs ajoutées (VA).
- **PIB par habitant :** mesure le niveau de vie des habitants d'un pays. Il est égal au PIB total/nombre d'habitants. Cet indicateur facilite les comparaisons de richesses créées entre les pays.
- **Taux de croissance :** évolution du PIB d'une année sur l'autre.

Je construis mon cours

Résumez les idées essentielles une fois chaque mission effectuée.

Mission 1 Interpréter des indicateurs de l'activité économique

....

....

....

....

....

....

....

....

....

Mission 2 Commenter les indicateurs de l'économie française au regard d'autres pays européens

....

....

....

....

....

....

....

....

....

JE RÉPONDS À LA MISE EN SITUATION PROFESSIONNELLE

Maintenant que vous avez analysé l'ensemble des documents et que vous connaissez un certain nombre d'indicateurs économiques pour mesurer l'activité économique d'un pays, Sabrina souhaite que vous réalisiez une fiche synthétique (format A4), sous forme d'« interface de Smartphone », de l'économie française, de son rayonnement dans le monde et de son engagement dans le développement durable.

Vous devrez structurer votre réponse en reprenant les idées suivantes :
- les chiffres clés de l'économie française ;
- la position de la France au sein de l'UE et dans le monde ;
- le rayonnement mondial de quelques grandes entreprises françaises ;
- l'investissement du pays dans la réduction des GES et du développement durable ;
- la mesure du bonheur, du bien-être des Français.

Vous pouvez faire des recherches complémentaires et actualisées sur Internet.

Méthode — Analyser un graphique — 4

Je comprends la méthode

DOC 1 Prévision de l'évolution annuelle du PIB réel par pays/région

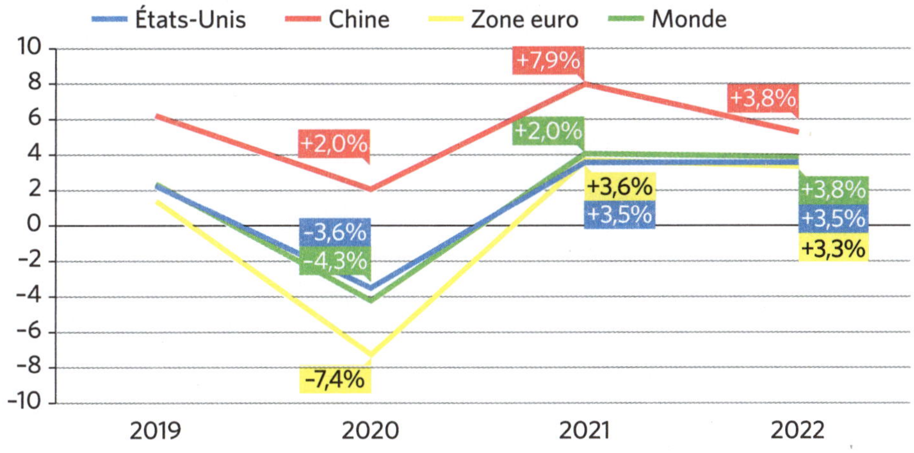

Banque mondiale, janvier 2021.

Étape 1 Identifier les caractéristiques générales du graphique

- Cochez le type de graphique : ○ Diagramme circulaire ○ Histogramme ○ Nuage de points
- Indiquez le titre : ……………………………………………………
- Retrouvez l'origine des données : ……………………………………………………
- Précisez l'unité utilisée : ……………………………………………………
- Indiquez la date ou la période concernée et les éléments comparés :

……………………………………………………

☐ J'ai validé l'étape 1

Étape 2 Comprendre le graphique

- Identifiez les axes :

- Horizontal : ……………………………………………………

- Vertical : ……………………………………………………

- Observez la répartition : ……………………………………………………

……………………………………………………

☐ J'ai validé l'étape 2

Étape 3 Restituer les idées principales du graphique

- Trouvez l'idée principale : ……………………………………………………

……………………………………………………

……………………………………………………

……………………………………………………

- Cherchez les idées secondaires en comparant les données : ……………………………………………………

……………………………………………………

…………………………………………………… .

- Expliquez les causes du phénomène constaté : ……………………………………………………

……………………………………………………

☐ J'ai validé la méthode

J'applique la méthode

☛ Rabat 5

DOC 2 Les pays les plus heureux du monde en 2021

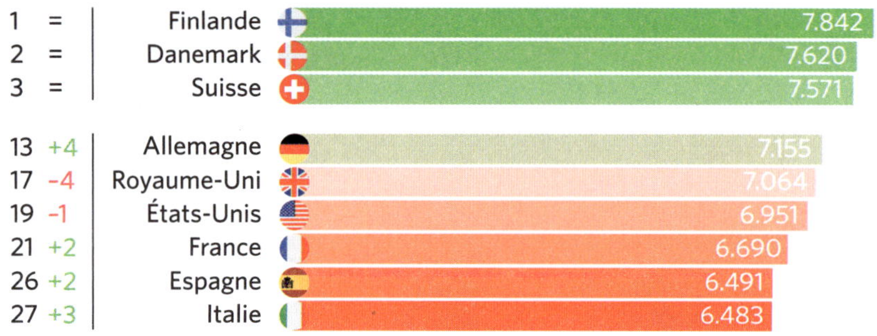

World Happiness Report, 2021 (extrait).

DOC 3 Les pays les plus heureux du monde en 2020

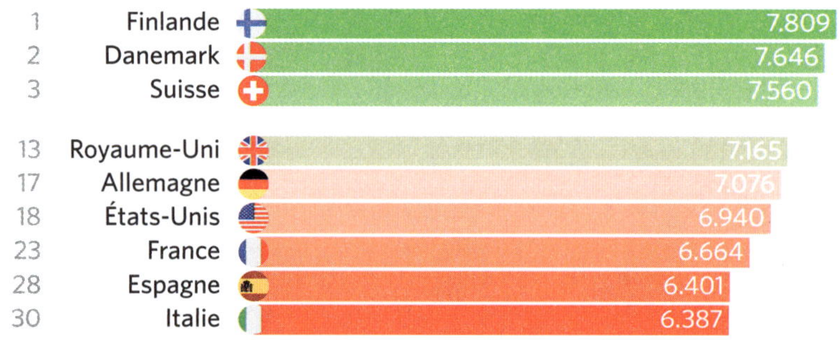

World Happiness Report, 2021 (extrait).

Données calculées en fonction du PIB par habitant, de l'espérance de vie en bonne santé, liberté, générosité, absence de corruption, niveau d'aide sociale.

Les étapes à suivre

1. **Identifier les caractéristiques générales du graphique**
2. **Comprendre le graphique**
3. **Restituer les idées principales du graphique**

Vers le BAC

4

Comment mesurer l'activité économique ?

MISE EN SITUATION

Cosmetic Bio commercialise des produits cosmétiques éthiques et bio de luxe, principalement dans les grands magasins. Vous réalisez votre formation en entreprise au service commercial et Mme Antunes, votre tutrice, est la directrice de l'entreprise. Cosmetic Bio souhaiterait s'implanter dans différents pays. Pour cela, elle réalise des études de marché en étudiant particulièrement les nouveaux indicateurs de richesse. Mme Antunes vous demande de travailler sur ce sujet et de lui préparer un dossier pour répondre à la question suivante :

Comment les indicateurs économiques interprètent-ils l'activité économique ?

Partie 1 Exploitation des documents

Afin de préparer l'étude demandée par Mme Antunes, étudiez les DOCS **1** À **3** et répondez aux questions suivantes.

1. Sur votre copie, résumez sur 8 à 10 lignes les idées principales du DOC 1.

2. À l'aide de vos connaissances, repérez les idées principales des DOCS. 2 ET 3, en recopiant le tableau de l'annexe 1 p. 165.

3. À l'aide des documents et de vos connaissances, répondez sur votre copie aux questions suivantes :
- 3.1. Pourquoi le PIB ne permet-il pas à lui seul de déterminer l'activité économique d'un pays ?
- 3.2. Qu'est-ce que l'IDH (l'indice de développement humain) ?

Partie 2 Écrit structuré

À l'aide de vos connaissances et du dossier joint, vous rédigerez une réponse structurée et argumentée (en suivant le plan proposé ci-dessous) à la question posée par Mme Antunes :

Comment les indicateurs économiques interprètent-ils l'activité économique ?

Dans une introduction, présenter la problématique, expliciter ses concepts essentiels et annoncer le plan.

1. Les indicateurs économiques et leur rôle
- a. Le PIB et l'indice de développement humain
- b. Les nouveaux indicateurs de richesse

2 . L'interprétation de l'activité économique
- a. Les limites du PIB et de l'IDH
- b. La prise en compte des axes sociaux et environnementaux

Dans une conclusion, vous répondrez de manière synthétique à la problématique.

DOSSIER DOCUMENTAIRE

DOC 1 Les nouveaux indicateurs de richesse

Les **indicateurs macro-économiques** servent à évaluer la taille, l'évolution et la santé d'une économie et à orienter les décisions politiques. Depuis le milieu du XXe siècle, le principal indicateur utilisé est le **produit intérieur brut** (PIB), qui représente la somme des valeurs ajoutées dégagées par les différents secteurs économiques sur un territoire. Il est reconnu que le PIB ne permet pas, à lui seul, de refléter les divers aspects de la performance économique et sociale d'un pays. D'autres indicateurs de richesse sont, en complément, nécessaires afin de mieux prendre en compte les **questions d'ordre social et environnemental**.

Banque de France et Ministère de la transition écologique, collection ABC de l'économie de la Banque de France © Banque de France, 2020.

Quelques chiffres pour 2020	
Taux d'emploi	**65,3 %** des 15-64 ans
Dépenses de recherche	**2,19 %** du PIB
Endettement	**115,1 %** du PIB
Espérance de vie	Homme : **79,2 ans** Femme : **85,2 ans**
Satisfaction dans la vie note de 1 à 10	**7,2 / 10**
Taux de pauvreté	**14,6 %**
Taux de sortie précoce du système scolaire	8,2 % des 18-24 ans
Émission de gaz à effet de serre	**9,15** tonnes équivalent CO_2 par habitant

Données Insee et Ofce.

DOC 2 L'IDH

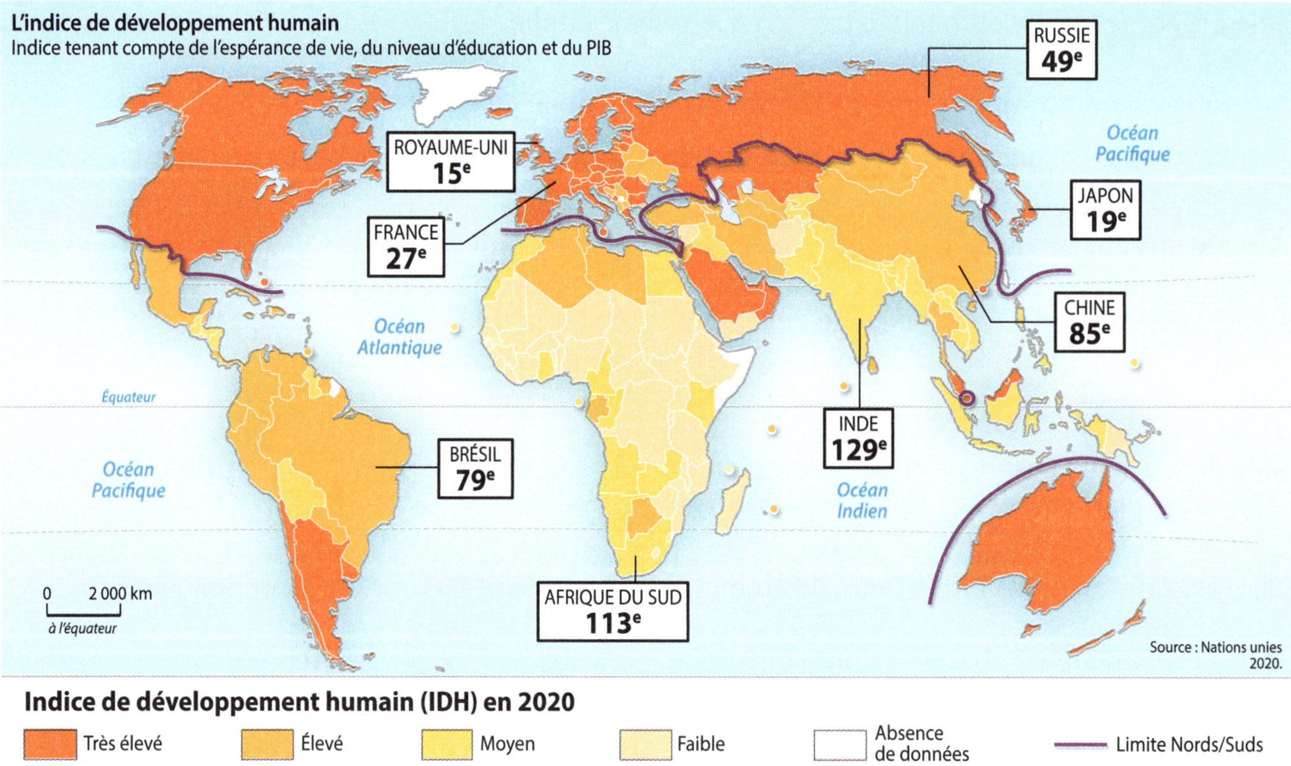

Delagrave, 2022.

DOC 3 Les limites de l'IDH

L'indice de développement humain (IDH) est un indice statistique créé par le Programme des Nations Unies pour le développement (PNUD) pour évaluer le taux de développement humain des pays du monde en mesurant la **santé**, le **niveau de vie** et le **niveau d'éducation**. Des scientifiques ont critiqué sa fiabilité, car il met sur un pied d'égalité des facteurs très différents et ne prend pas en compte, par exemple, le **niveau de liberté** publique et individuelle des citoyens, qui est pourtant un facteur important de développement humain.

Delagrave, 2022.

5

Économie

Comment l'État agit-il sur l'activité économique ?

Capacités
- Identifier les fonctions de l'État.
- Repérer, à travers les postes budgétaires, des mesures de politique économique.

Notions abordées
- Politique économique
- Allocation, redistribution, régulation
- Budget de l'État
- Chômage, dette
- Lutte contre le chômage : politique active/passive

SITUATION PROFESSIONNELLE

Le service économie du Conseil régional Auvergne-Rhône-Alpes vous accueille pour votre nouvelle PFMP, sous la responsabilité de Clara Diaby.
Ce service est installé dans l'hôtel de la région Auvergne-Rhône-Alpes, situé dans le quartier Confluence, à l'entrée de Lyon (69). Ce grand bâtiment regroupe l'ensemble des principaux services de cette administration territoriale qui gère les affaires de la région, notamment la gestion des lycées, les transports régionaux, l'action économique.
Clara Diaby vous fournit un dossier documentaire sur l'intervention de l'État dans l'économie. Elle vous demande de l'analyser pour ensuite réaliser une affiche destinée aux lycées de la région sur ce thème économique.

VIDÉO
Qu'est-ce que le plan de relance ? 2'14
www.lienmini.fr/ed31007relance

Je découvre la question

État : au sens strict, l'État est le sous-ensemble le plus important des administrations publiques centrales. Il regroupe tous les services dont les finances sont dépendantes du budget de l'État. Dans un sens large, l'État est l'ensemble des pouvoirs publics exerçant sur un territoire donné.

Agir : Faire, accomplir quelque chose, avoir un impact sur un élément.

Comment : interroge sur la manière dont une action se déroule et sur les moyens employés.

Comment l'État agit-il sur l'activité économique ?

Activité économique : activité visant le bien-être de la population en procédant notamment à des actes de production, d'échange et de consommation.

Reformulation de la problématique

Par quels moyens l'État intervient-il sur l'économie ?

Et vous ?

D'après vous, comment l'État agit-il sur l'économie ?

Mes missions

Mission 1 Identifier les fonctions de l'État

Mission 2 Repérer, à travers les postes budgétaires, des mesures de politiques économiques

Mes missions

Mission 1 Identifier les fonctions de l'État

Le Conseil régional Auvergne-Rhône-Alpes met en place différentes politiques économiques sur son territoire régional. Clara Diaby vous demande, dans un premier temps, d'identifier les rôles économiques de l'État.

ACTIVITÉ 1 Quelles sont les fonctions économiques de l'État ?

DOC 1 Les trois fonctions économiques de l'État

En plus de ses fonctions dites « régaliennes », liées à la sécurité extérieure et intérieure, à la justice et à l'émission de monnaie, les pouvoirs publics peuvent intervenir dans l'économie à 3 niveaux.

Fonction d'allocation des ressources	Face à des défaillances du marché, l'État intervient pour améliorer l'efficacité économique en se substituant au marché.
Fonction de redistribution	Dans un objectif de justice et cohésion sociale, l'État cherche à modifier la répartition des richesses et à réduire les inégalités.
Fonction de régulation	L'État assure la stabilité de l'activité économique, tout en cherchant à maîtriser l'évolution des prix (inflation) et l'équilibre entre les importations et les exportations.

VIDÉO
À quoi sert l'État dans une économie de marché ?
3'18
www.lienmini.fr/ed31007etat

Delagrave, 2022.

1 Identifiez la fonction concernée par chaque mesure prise par les pouvoirs publics présentée dans le tableau ci-dessous.

Mesures prises par les pouvoirs publics	Fonctions économiques			Fonctions régaliennes
	Allocation des ressources	Redistribution	Régulation	
Le projet de loi pour la confiance dans l'institution judiciaire souhaité par le ministre de la Justice prévoit des procès filmés et des enquêtes préliminaires limitées à deux ans.				
L'ARS (allocation de rentrée scolaire), accordée sous conditions de ressources, sera versée aux familles à partir du 20 août prochain. Le montant 2021 était de 404,28 € pour un jeune entre 15 et 18 ans.				
Pour faire face à la détérioration des infrastructures de transport, le gouvernement investit 13,4 milliards d'€ pour rénover les voies ferrées, les routes et les équipements de transport français.				
Réforme du Code du travail pour faciliter les modalités d'embauche et de licenciement afin d'encourager les employeurs à créer de nouveaux emplois.				
Le gouvernement annonce investir 1,7 milliard d'euros dans l'intelligence artificielle pour faire de la France un leader dans ce domaine d'avenir.				

DOC 2 Véhicules électriques : quels projets européens pour la production de batteries ?

La Commission européenne a autorisé une aide publique de 2,9 milliards d'euros accordée par douze États membres à un projet de recherche européen qui porte sur l'**ensemble de la chaîne des batteries**. [...]

Avec cette enveloppe publique, l'UE espère mobiliser 9 milliards d'euros supplémentaires en **investissements privés**.

Ce dispositif se place en parallèle au programme doté de 3, 2 milliards d'euros et confirmé en décembre 2019 [...]. Aujourd'hui, 85 % de ces batteries sont produites par des groupes industriels japonais, coréens et, avant tout, chinois. L'Europe ne couvre que 3 % des volumes de production à l'échelle mondiale. La batterie, l'équipement central d'une voiture électrique, représente pourtant entre 30 et 40 % de la valeur du véhicule.

Une filière européenne autonome de production de batteries

42 entreprises de toute taille se sont engagées dans ce nouveau programme.

www.vie-publique.fr

2 Identifiez l'idée essentielle du DOC. 2.

....

....

....

3 Repérez les montants investis par les finances publiques dans ce projet.

....

....

....

4 Citez les raisons qui justifient la mise en place de ce projet.

....

....

....

5 Identifiez la fonction économique correspondant à ce projet européen. Justifiez votre réponse.

....

....

....

ACTIVITÉ 2 Quels sont les objectifs de la politique économique ?

Clara Diaby vous explique que l'intervention de l'État dans l'activité économique passe par la mise en place d'une politique économique qui peut répondre à divers objectifs.

COMPRENDRE Une **politique économique** cherche à réduire les déséquilibres existants (chômage important, baisse de l'activité des entreprises, détérioration du pouvoir d'achat...). Les mesures prises par les pouvoirs publics sont, par exemple, liées à l'amélioration de la croissance, la recherche du plein emploi et de la justice sociale... Divers instruments règlementaires, monétaires ou budgétaires sont mobilisés dans ce sens.

(DÉFINITIONS)

Inflation : hausse généralisée et durable des prix, source de baisse de pouvoir d'achat.

Commerce extérieur : ensemble des activités liées aux importations et aux exportations d'un pays. Cet indicateur permet de mesurer la compétitivité des produits du pays.

Taux de chômage : indicateur qui recense le nombre de chômeurs rapporté à la population active. Il mesure le risque de chômage.

DOC 3 Le carré magique de Nicholas Kaldor

Le **carré magique** représente graphiquement les objectifs de la politique économique, en résumant la situation conjoncturelle à partir de 4 indicateurs fondamentaux. La jonction des 4 points permet de montrer la situation économique idéale (quasiment impossible à atteindre).
La distance des points par rapport au carré magique permet d'apprécier le niveau de détérioration de la situation économique ou l'efficacité des mesures prises par les pouvoirs publics.

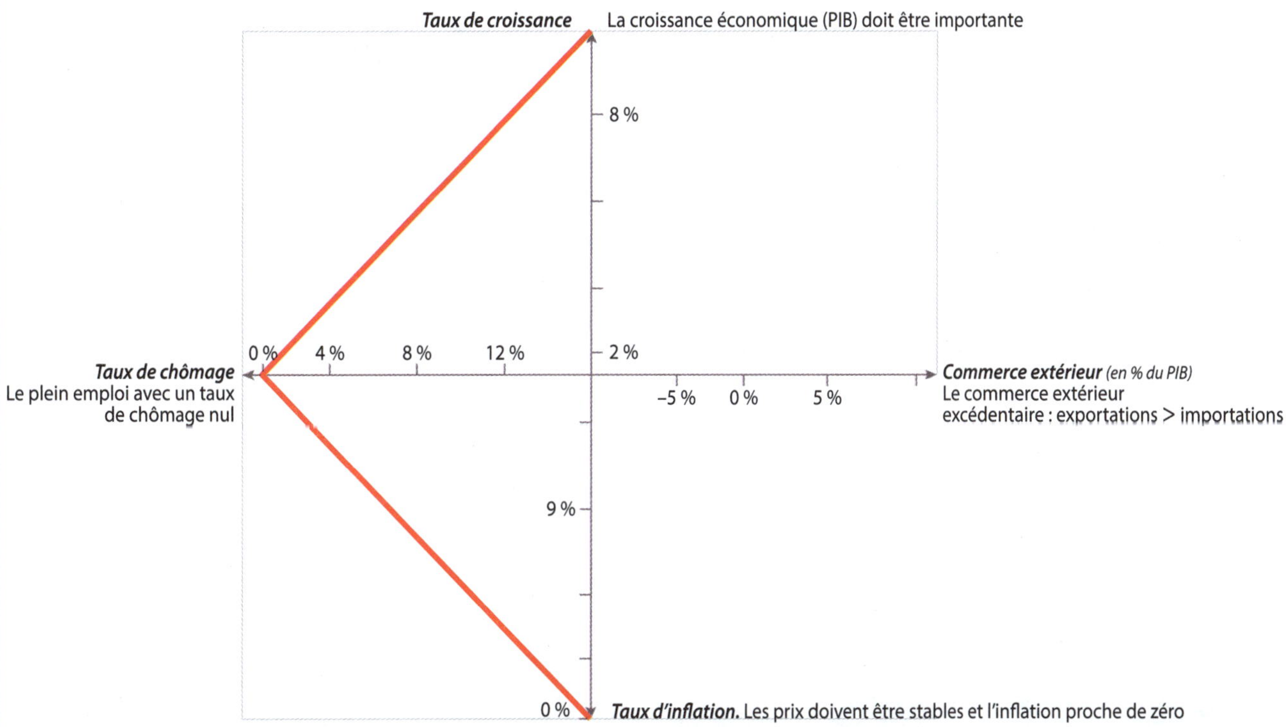

Delagrave, 2022.

6 Retrouvez les 4 principaux objectifs poursuivis par une politique économique.

....

....

....

Et vous ?
Pouvez-vous citer des mesures de politique économique ayant eu des effets directs sur votre vie ou celles de vos proches ?

7 Terminez la réalisation du carré magique en reliant les objectifs qu'il poursuit à l'aide de deux nouveaux segments rouges. ☛ Rabat 5

DOC 4 **Quelques performances économiques françaises en 2020**

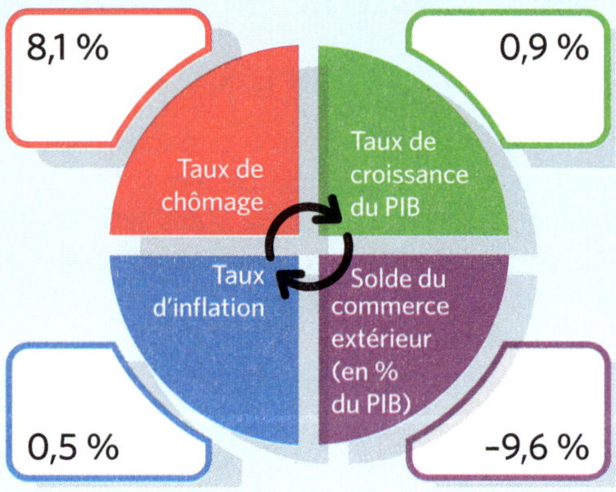

Données Insee.

8 À partir des éléments présents dans le DOC. 4, représentez graphiquement la situation de la France de l'année 2020, en positionnant la valeur de chaque indicateur économique sur le DOC. 3.

9 Comparez la forme obtenue pour l'année 2020 avec la situation idéale du carré magique pour apprécier si les objectifs du carré magique sont atteints en 2020.

....

....

....

....

ACTIVITÉ 3 Comment différencier action à court terme et action à long terme ?

COMPRENDRE **La politique économique structurelle** se traduit par des objectifs à long terme pour améliorer les structures de l'économie. **La politique économique conjoncturelle** a un objectif à court terme (quelques mois) pour agir sur l'inflation, le chômage, le taux d'activité des entreprises...

10 Pour chacune des mesures prises par les pouvoirs publics, retrouvez s'il s'agit d'une politique économique structurelle ou conjoncturelle.

- Réforme des modalités d'organisation de l'enseignement supérieur permettant une meilleure employabilité à la sortie des études universitaires. ●
- Prime à la conversion accordée pour l'achat d'un véhicule électrique. ●
- Nouvelles mesures de durcissement des règles d'indemnisation de l'assurance chômage et dégressivité des indemnités pour les plus hauts salaires. ●

- ● **Politique économique *structurelle***
- ● **Politique économique *conjoncturelle***

Je fais le point

Podcast www.lienmini.fr/ed31007podcast10

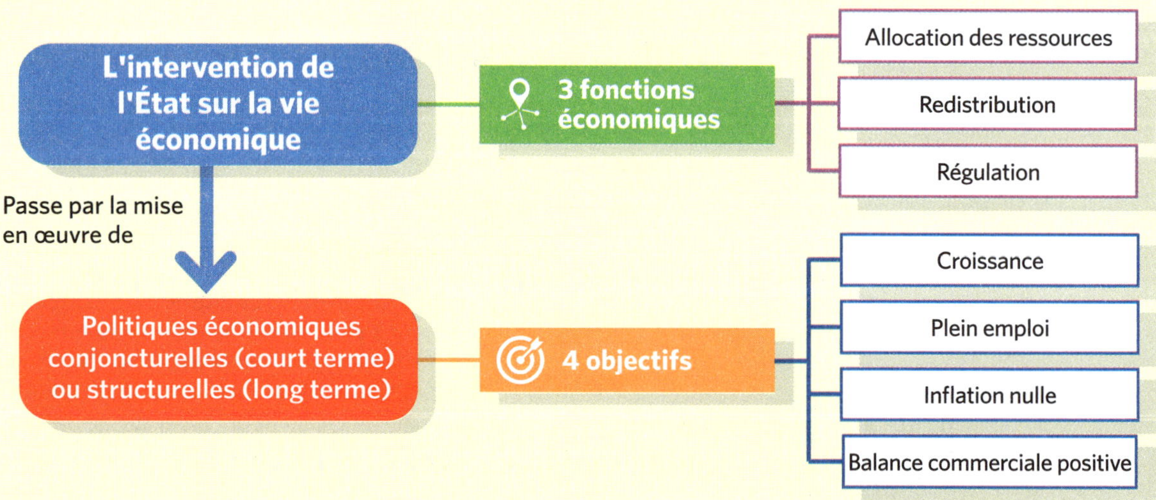

Mes missions

Mission 2 Repérer, à travers les postes budgétaires, des mesures de politiques économiques

L'intervention de l'État sur l'activité économique nécessite d'importants moyens financiers. Clara Diaby vous explique que les choix de politiques économiques du gouvernement se repèrent dans l'analyse du budget annuel de l'État.

ACTIVITÉ 1 Comment évolue le budget de l'État ?

DOC 5 Budget de l'État 2021

Données Bercy, Visactu, 2021.

(DÉFINITIONS)

Budget de l'État : ensemble des documents, votés par le Parlement, qui prévoient et autorisent la perception de l'impôt (ressources/recettes de l'État) et les dépenses publiques, pour une année. Le budget de l'État permet aux pouvoirs publics de fonctionner.

Poste budgétaire : le budget de l'État est divisé en postes budgétaires. Chaque poste budgétaire regroupe des dépenses de même famille.

VIDÉO

L'élaboration du budget de l'État 3'51

www.lienmini.fr/ed31007budget

COMPRENDRE Le **budget de l'État** fait apparaître ses recettes et ses dépenses.

- Si recettes > dépenses = **excédent budgétaire.**
- Si dépenses > recettes = **déficit budgétaire.**

11 Encadrez sur le DOC. 5 la somme totale dont dispose l'État français pour assurer son fonctionnement en 2021.

12 Qualifiez l'évolution du budget de l'État en 2021.

....

13 Entourez sur le DOC. 5 les trois postes budgétaires les plus favorisés par le gouvernement pour l'année 2021.

14 Le fait d'améliorer le budget de ces trois postes budgétaires relève-t-il selon vous d'une mesure de politique économique conjoncturelle ou structurelle ?

....

DOC 6 Le plan « France Relance »

Visactu, 2021.

15 Indiquez la somme totale engagée par l'État français pour relancer l'économie.

....

16 Identifiez les grandes priorités visées par le gouvernement.

....

....

....

COMPRENDRE Le **plan France Relance** fait suite au choc économique engendré par la crise de la Covid (paralysie de l'économie et des entreprises, hausse chômage...). Le gouvernement français a alors pris des mesures pour soutenir les entreprises et les ménages. Il s'agit de relancer l'économie et de retrouver dès 2022, un niveau de richesse nationale équivalent à celui d'avant la crise.

17 Qualifiez ce plan de relance en termes de politique économique.

Politique structurelle ◯ Politique conjoncturelle ◯

18 Retrouvez les objectifs de court terme poursuivis par le plan de relance.

....

....

....

....

ACTIVITÉ 2 Comment agir face à la dette publique ?

Clara Diaby vous explique que l'intervention de l'État est contrainte par une dette publique très importante : 2 612 milliards d'euros fin 2020 !

DÉFINITIONS

Dette publique : dette due par un État, qui regroupe l'ensemble des **engagements financiers** qui ont été pris par un pays et ses différentes institutions publiques pour financer leur fonctionnement. La dette publique comprend notamment les dettes de l'État, mais aussi celles de la Sécurité sociale et des collectivités territoriales.
Charge de la dette : ensemble des dépenses de l'État consacrées au paiement des **intérêts** de sa dette.

VIDÉO
Comment se finance l'État ? 2'21
www.lienmini.fr/ed31007financement

DOC 7 La dette de la France en quelques chiffres

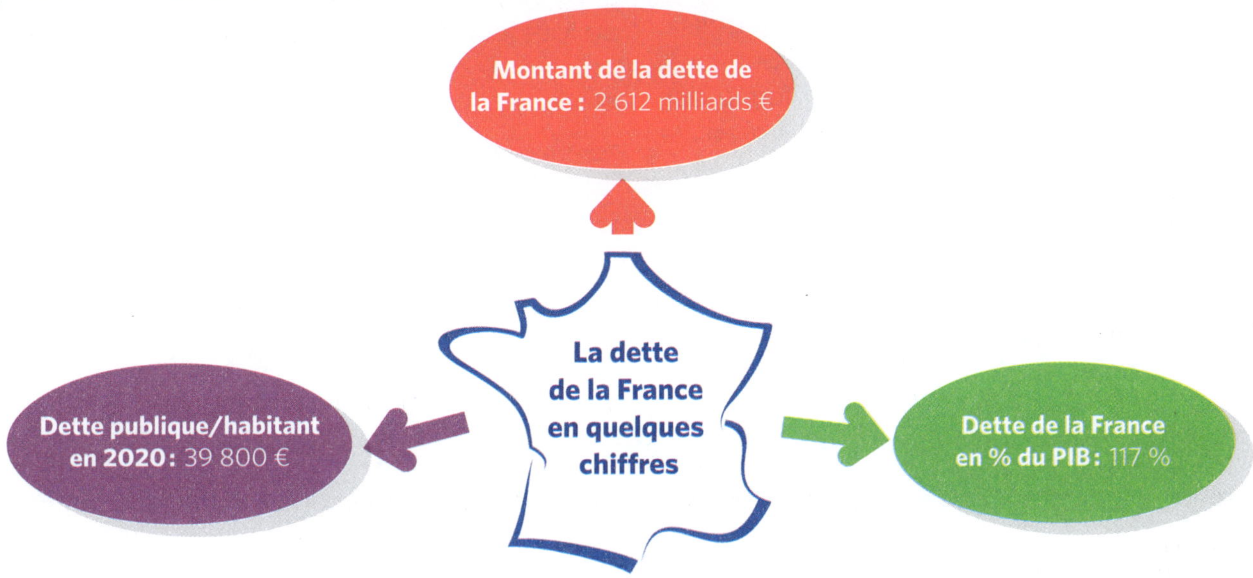

Delagrave, 2022.

DOC 8 L'État face à sa dette, une charge importante dans son budget

147,9 Md€	Dépenses de personnel
105,3 Md€	Dépenses d'intervention
53,4 Md€	Dépenses de fonctionnement
38,6 Md€	Charges de la dette de l'État
15,3 Md€	Dépenses d'investissement
13,6 Md€	Dépenses d'opérations financières
1,0 Md€	Dotations des pouvoirs publics

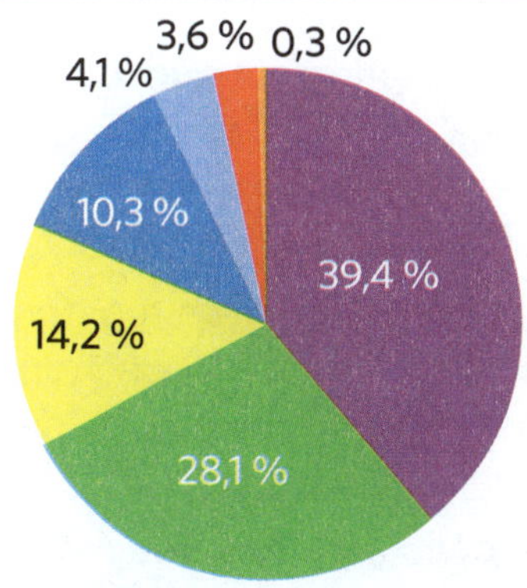

Données : www.performance-publique.budget.gouv.fr, budget 2020.

19 Identifiez les informations concernant la charge de la dette dans le budget 2020 de l'État.

....

....

DOC 9 L'effort budgétaire structurel demandé à la France

Les finances de la France inquiètent le Fonds monétaire international*. L'institution a en effet appelé Paris [...] à « **procéder à un effort budgétaire structurel ambitieux** » afin de **réduire sa dette publique**, jugée « trop élevée » [...].

Pour le budget de l'année prochaine, en cours d'élaboration, « cela implique de prendre des mesures d'assainissement qui compensent les mesures d'allègement fiscal d'avril dernier », annoncées par Emmanuel Macron à l'issue du grand débat national [...].

Selon le FMI, plusieurs réformes prévues par le gouvernement devraient permettre de « préserver la viabilité des finances publiques françaises », à l'image de la réforme de la fonction publique, de la réforme des retraites ou de la réforme des allocations chômage, susceptibles de « produire des économies budgétaires à travers une révision des règles de calcul ». Mais des mesures supplémentaires sont proposées, comme la réduction des coûts de la santé, un meilleur ciblage des prestations sociales, ou encore « la fusion de petites municipalités » et « l'élimination de doubles emplois entre les fonctions des collectivités locales et de l'État ». Le FMI reconnaît cependant que ces mesures doivent s'accompagner d'un « consensus social autour des réformes prioritaires » afin d'en assurer « le succès, au profit de tous les citoyens et des générations futures ».

© Capital (avec Agence France Presse), 3 juin 2019.

*Le Fonds Monétaire International (FMI) est une institution financière de coopération économique de niveau mondial qui prête des fonds en contrepartie de réformes aux pays en crise.

20 Surlignez dans le DOC. 9 les réformes qui étaient prévues en 2019 par le gouvernement français pour réduire l'importance de la dette publique.

21 Soulignez dans le DOC. 9 les mesures de politiques économiques préconisées par le FMI au gouvernement français.

22 Repérez l'indicateur pouvant ralentir les effets de mesures engagées contre la dette publique.

ACTIVITÉ 3 Quelle politique face au chômage ?

DOC 10 Les politiques de l'emploi

On entend par **politique de l'emploi** les interventions publiques qui ont pour objectif de corriger les déséquilibres et les conséquences néfastes du marché du travail. On distingue 2 types de politiques de l'emploi :

- **Les politiques actives** regroupent des mesures visant à augmenter le niveau de l'emploi et en particulier à favoriser le retour à l'emploi des chômeurs (formation, flexibilisation du marché du travail).
- **Les politiques passives** concernent des mesures cherchant à atténuer les effets du chômage en permettant aux bénéficiaires de faire face financièrement à la période de chômage (politiques d'indemnisation du chômage). Elles peuvent également soutenir les retraits d'activité (encouragement du travail à temps partiel, politiques de prise en charge des préretraites).

Delagrave, 2022.

(DÉFINITIONS)

Chômage : situation d'une personne qui, souhaitant travailler et ayant la capacité de le faire, se trouve sans emploi malgré ses recherches.

Taux de chômage : rapport entre le nombre de chômeurs et la population active. Il s'élève à 8 % de la population active en France au 2e trimestre 2020.

23 Définissez l'expression « politique de l'emploi ».

24 Précisez si les mesures de politiques de l'emploi poursuivent les mêmes objectifs.

25 Retrouvez à quel type de politique de l'emploi correspond chacune des mesures politiques suivantes.

	Politique active	Politique passive
Création d'emplois aidés à destination des personnes en situation de chômage de longue durée.		
Fixation du montant minimum de l'allocation chômage journalière en 2021 à 29,38 €.		
Droit au chômage pour les salariés démissionnaires lorsqu'ils démissionnent pour réaliser un projet professionnel.		

26 Analysez les mesures de politique de l'emploi suivantes, prises entre 2017 et 2021.

Exemples de mesures de politique de l'emploi prises récemment	Mesure active ou passive	Objectif poursuivi
L'employeur souhaitant recruter une personne handicapée en contrat d'apprentissage ou de professionnalisation d'au moins 6 mois et 24 heures par semaine peut bénéficier d'une aide de 3 000 € pour un contrat d'apprentissage et de 4 000 € en contrat de professionnalisation.		
Instauration d'un bonus/malus pour les entreprises de plus de 11 salariés : leur contribution à l'assurance chômage sera majorée s'ils ne proposent pas de contrats durables, et diminuée dans le cas contraire.		
Renforcement des moyens de Pôle emploi avec plus de 1 000 embauches en CDD sur 3 ans afin de mieux accompagner les demandeurs d'emploi dès leur entrée au chômage.		
Instauration d'un bonus/malus sur les cotisations patronales pour enrayer le recours aux CDD trop systématique dans certains secteurs d'activité.		

DOC 11 Aide à l'embauche des jeunes

Dans le cadre du plan « 1 jeune 1 solution », depuis le 1er août 2020 et jusqu'au 31 mai 2021, vous bénéficiez d'une aide d'un montant pouvant s'élever jusqu'à 4 000 euros pour l'embauche d'un jeune de moins de 26 ans.

De quoi s'agit-il ?
L'aide est de 4 000 € sur 1 an pour un salarié à temps plein.
Ce montant est proratisé en fonction du temps de travail et de la durée du contrat de travail (ex. 1 000 € pour un CDD de 3 mois).

Qui peut en bénéficier ?
Toutes les entreprises et toutes les associations, sans limite de taille, peuvent bénéficier de l'aide. [...] Les particuliers employeurs ne sont pas éligibles.

www.economie.gouv.fr

VIDÉO
Les aides exceptionnelles à l'embauche des jeunes
0'55
www.lienmini.fr/ed31007jeunes

27 Cochez : cette réforme est une mesure de politique économique :
- ○ conjoncturelle
- ○ structurelle
- ○ passive
- ○ active

28 Identifiez les objectifs recherchés par cette nouvelle mesure.

....

....

Et vous ?
Pouvez-vous citer d'autres dispositifs centrés sur l'emploi des jeunes ?

Je fais le point

Podcast
www.lienmini.fr/ed31007podcast11

Budget de l'État : Dépenses publiques et recettes publiques permettant à l'État d'agir

→ **Intervention de l'État face aux déséquilibres économiques** :
- Dette publique
- Chômage

→ **Politiques de l'emploi** :
- Mesures actives
- Mesures passives

À moi de jouer !

Testez-vous !
Comment l'État agit-il sur l'activité économique ?
www.lienmini.fr/ed31007exo05

1 | Maîtriser le vocabulaire économique

Identifiez les notions définies ci-dessous.

1. Fonction permettant de faire face aux défaillances des marchés : ....
2. Fonction relative à l'objectif de justice et de cohésion sociale : ....
3. Fonction cherchant à stabiliser l'activité économique : ....
4. Mesure prise par les pouvoirs publics, visant à obtenir des effets à court terme : ....
....
5. Mesure prise par les pouvoirs publics, visant à obtenir des effets à long terme : ....
....
6. Moyens mis en place par les pouvoirs publics pour réduire le chômage ou corriger les effets négatifs issus des déséquilibres présents sur le marché du travail : ....
7. Situation d'une personne qui, souhaitant travailler et ayant la capacité de le faire, se trouve sans emploi malgré ses recherches : ....
8. Ensemble des engagements financiers qui ont été pris par un pays et ses différentes institutions publiques pour financer leur fonctionnement : ....

2 | Analyser un texte

☛ Rabat 2

DOC La mise en œuvre du grand plan d'investissement 2018-2022

Le **grand plan d'investissement** poursuit **4 axes prioritaires** déclinés en 25 initiatives :

- **accélérer la transition écologique** (réduction de l'empreinte énergétique des bâtiments publics, augmentation de la production d'énergie renouvelable, accueil des chercheurs du monde entier pour lutter contre le changement climatique, etc.) ;
- **édifier une société de compétences** (former et accompagner vers l'emploi 1 million de chômeurs faiblement qualifiés et 1 million de jeunes décrocheurs, transformer le premier cycle universitaire, etc.) ;
- **ancrer la compétitivité sur l'innovation** (accélérer la transformation de l'université et de la recherche, soutenir le déploiement du très haut débit, stimuler la transformation des filières agricoles et agroalimentaires, etc.) ;
- **construire l'État de l'âge numérique** (objectif 100 % des services publics numérisés, création d'un fonds pour la transformation publique, etc.).

www.vie-publique.fr.

1. Listez les thèmes abordés dans les 4 axes prioritaires de ce grand plan d'investissement présenté par le gouvernement.

....
....

2. S'agit-il de mesures de politique économique conjoncturelle ou structurelle ? Justifiez votre réponse.

....
....

3 | Analyser un graphique ☛ Rabat 5

DOC La dette publique en France

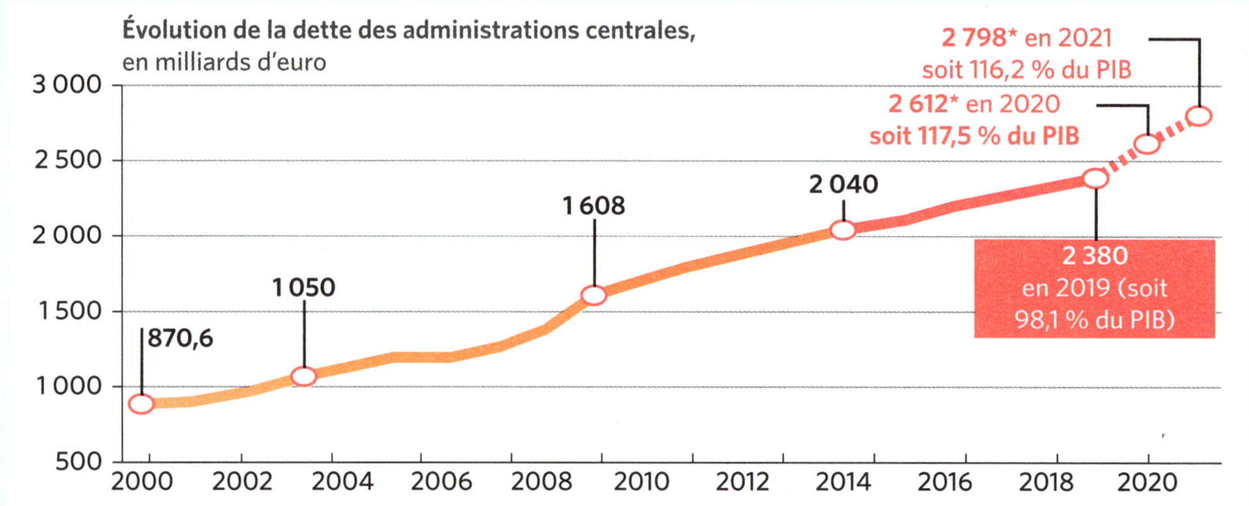

PLF 2021.

1. Quel constat global pouvez-vous faire concernant l'évolution de la dette publique française en 20 ans ?

....

....

2. Que peut -on conclure concernant la force d'intervention de l'État français sur l'activité économique ?
Utiliser les mots suivants : *corriger les déséquilibres économiques - marge de manœuvre - fort endettement - faible.*

....

....

4 | Expliquer une mesure de politique économique

Par groupe de 2 ou 3 élèves, recherchez en ligne des mesures de politiques économiques liées aux thèmes suivants : la lutte contre le chômage ; la santé ; les impôts ; les aides sociales. Résumez l'idée essentielle de chaque mesure trouvée et le but recherché par les pouvoirs publics. Présentez-les oralement à l'ensemble de la classe.

BILAN

CHAPITRE 5

Sketchnote
www.lienmini.fr/ed31007synth05

Comment l'État agit-il sur l'activité économique ?

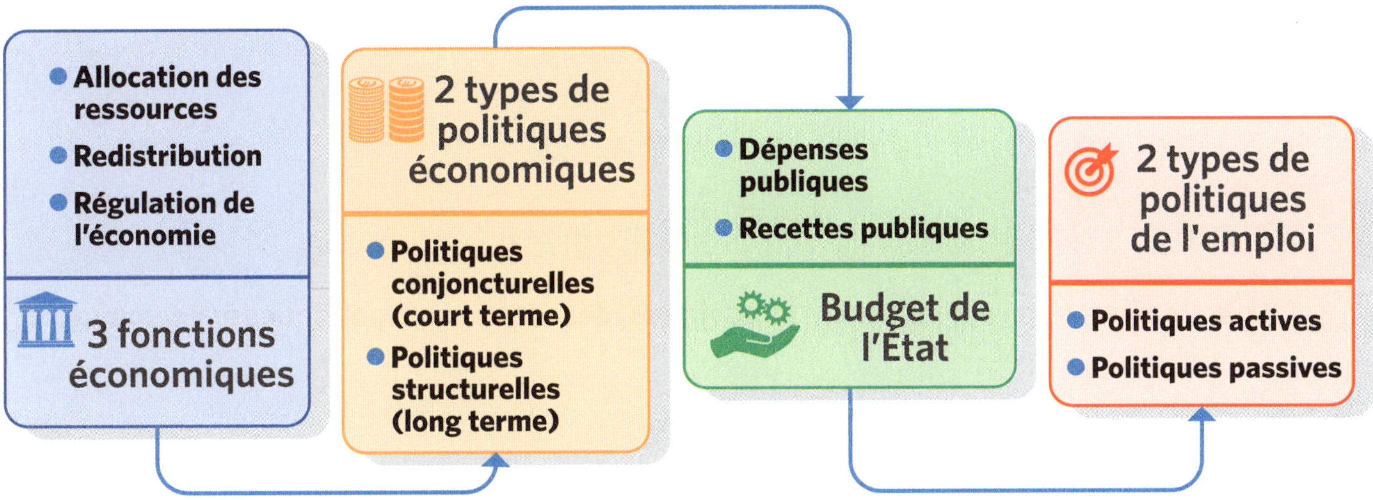

Les mots de l'éco

Budget de l'État : ensemble des documents, votés par le Parlement, qui prévoient et autorisent la perception de l'impôt et les dépenses publiques, pour une année. Le budget de l'État permet aux pouvoirs publics d'assurer leurs fonctions.

Charge de la dette : ensemble des dépenses de l'État consacrées au paiement des intérêts de sa dette.

Chômage : situation d'une personne qui, souhaitant travailler et ayant la capacité de le faire, se trouve sans emploi malgré ses recherches.

Dette publique : dette due par un État, qui regroupe l'ensemble des engagements financiers qui ont été pris par un pays et ses différentes institutions publiques pour financer leur fonctionnement. La dette publique comprend notamment les dettes de l'État, mais aussi celles de la Sécurité sociale et des collectivités territoriales.

Inflation : hausse généralisée et durable des prix.

Politique économique : ensemble de décisions cohérentes prises par les pouvoirs publics pour atteindre des objectifs à l'aide de divers instruments. La politique économique cherche à orienter l'économie dans un sens souhaitable à plus ou moins long terme afin de réduire les déséquilibres existants.

Politique conjoncturelle : a un objectif à court terme pour maintenir les grands équilibres économiques.

Politique structurelle : se traduit par des objectifs à long terme. Elle cherche à modifier les structures de l'économie pour les rendre plus efficaces à l'avenir.

Fonctions économiques de l'État : se divisent en 3 catégories : la fonction d'allocation des ressources (face à des défaillances du marché, l'État intervient pour améliorer l'efficacité économique en se substituant au marché), la fonction de redistribution (dans un objectif de justice et de cohésion sociale, l'État cherche à modifier la répartition des richesses et à réduire les inégalités), et la fonction de régulation (l'État intervient pour assurer la stabilité de l'activité économique, tout en cherchant à maîtriser l'évolution des prix et l'équilibre extérieur).

Taux de chômage : rapport entre le nombre de chômeurs et la population active (personnes ayant un emploi et demandeurs d'emploi).

Je construis mon cours

Résumez les idées essentielles une fois chaque mission effectuée.

Mission 1 Identifier les fonctions de l'État

Mission 2 Repérer, à travers les postes budgétaires, des mesures de politiques économiques

JE RÉPONDS À LA MISE EN SITUATION PROFESSIONNELLE

Maintenant que vous avez analysé l'ensemble des documents, Clara Diaby vous demande de réaliser une affiche destinée aux lycéens de la région Auvergne-Rhône-Alpes. Cette affiche présentera les moyens utilisés par l'État pour intervenir sur l'activité économique.

Dans cette affiche vous devrez présenter :

- les fonctions de l'État ;
- les objectifs et types de politiques économiques ;
- le rôle du budget de l'État ;
- les types de politiques de l'emploi.

Vous pouvez utiliser une application numérique ou un logiciel de mise en forme afin de réaliser cette affiche

Méthode Comprendre et analyser un texte 5

Je comprends la méthode

DOC 1 Dette publique : un endettement soutenable mais une augmentation continue « préoccupante »

....

Le coût de la crise du Covid-19 a porté la dette publique française au-delà de 2 600 milliards d'euros, soit près de 120 % du produit intérieur brut (PIB). Une commission d'experts présidée par l'ancien ministre de l'Économie et des finances Jean Arthuis vient de remettre son rapport sur la question de la soutenabilité de la dette liée au Covid.

....

Selon un sondage, « 83 % des personnes interrogées sont inquiètes de la situation budgétaire du pays et 73 % des personnes interrogées s'estiment mal informées sur le **niveau et le coût de la dette publique en France** ».

....

Le recours à l'endettement, nécessaire, a entraîné une hausse des dépenses publiques sans précédent en temps de paix. [...] La crise sanitaire a dégradé durablement les comptes publics. « En 2020, le déficit des administrations publiques pourrait se situer aux alentours de 9 % du PIB (contre 3, 0 % en 2019 et 2, 5 % en 2018), soit un niveau supérieur aux dernières grandes crises connues (7, 5 % en 2009). » Mais les mesures mises en place ont protégé les Français et soutenu l'activité économique. La France n'a pas de difficulté à se financer, à l'heure actuelle. Les experts affirment que c'est la dynamique de l'endettement qui est inquiétante.

www.vie-publique.fr, 26 mars 2021.

Étape 1 Repérer l'environnement du texte

- Surlignez le titre, la source et la date.
- Cochez le thème du texte : ○ Économique ○ Juridique
- Retrouvez à gauche du texte : l'introduction, le paragraphe 1 et le paragraphe 2.

☐ J'ai validé l'étape 1

Étape 2 Effectuer une première lecture du texte entier

- Identifiez le thème global du document :

....

- Recherchez sur Internet les définitions de mots soulignés dans le texte.

....

....

....

....

☐ J'ai validé l'étape 2

Étape 3 Relever les idées paragraphe par paragraphe

- Relevez les informations contenues dans l'introduction : ....

....

- Relevez les idées les plus importantes du paragraphe 1 : ....

....

- Relevez les idées les plus importantes du paragraphe 2 : ....

....

....

....

....

☐ J'ai validé la méthode

J'applique la méthode

☛ Rabat 2

DOC 2 La Convention d'Aarhus[1]

Toute personne a le droit d'être informée, de s'impliquer dans les décisions et d'exercer des recours en matière d'environnement. Tel est, en résumé, le contenu de la Convention d'Aarhus. Ce texte essentiel contribue à créer la confiance du citoyen envers ses institutions, et plus largement, leur fonctionnement démocratique. En offrant au citoyen une place dans les débats environnementaux, elle rencontre les exigences de transparence et de proximité, synonymes de bonne gouvernance publique.

Une Convention, trois leviers de démocratie

La Convention d'Aarhus consacre trois droits fondamentaux pour les citoyens et les associations qui les représentent :

- L'accès à l'information sur l'environnement
- La participation au processus décisionnel
- L'accès à la justice

Elle traite par ailleurs de manière spécifique deux enjeux majeurs en matière de transparence :

- L'amendement OGM
- Les émissions et transferts de polluants (convention PRTR)

Adoptée le 25 juin 1998 par la Commission Économique pour l'Europe des Nations Unies (CEE-NU), la convention est entrée en vigueur le 30 octobre 2001. La France a ratifié la Convention d'Aarhus le 8 juillet 2002.

L'accès à l'information sur l'environnement, comme droit de savoir, constitue le premier pilier de la Convention d'Aarhus. À ce titre, il lie directement démocratie et transparence de l'administration. Son principe établit le droit pour toute personne d'obtenir des autorités publiques les informations qu'elles détiennent sur l'environnement. Les autorités publiques sont donc tenues de communiquer aux personnes qui en font la demande, les informations qu'elles détiennent sur l'environnement, ou qui sont détenues pour leur compte.

Le deuxième pilier de la Convention d'Aarhus fonde **le concept de participation** en s'inspirant du principe 10 de la déclaration de Rio : « La meilleure façon de traiter les questions d'environnement est d'assurer la participation de tous les citoyens au niveau qui convient ». Le principe de participation se définit comme le « principe selon lequel le corps social est pleinement associé à l'élaboration de projets et de décisions publics ayant une incidence sur l'environnement, et dispose d'une possibilité de recours une fois la décision prise ». (Définition de la commission nationale de terminologie et de néologie, vocabulaire de l'environnement, JORF n°0087 du 12 avril 2009).

L'accès à la justice constitue le troisième et dernier pilier de la Convention d'Aarhus. Son existence renforce les deux autres piliers de la convention en ce qu'il permet de garantir leur bonne application avec l'aide des tribunaux. Il accorde, notamment aux citoyens et aux associations qui les représentent, le droit de faire condamner et réparer les manquements des autorités publiques en ce qui concerne l'accès à l'information sur l'environnement et la participation du public au processus décisionnel.

ree.developpement-durable.gouv.fr, janvier 2020.

1. Aarhus est une ville du Danemark. Lieu où la convention fut signée.

Les étapes à suivre

1. **Repérer l'environnement du texte**
2. **Effectuer une première lecture du texte entier**
3. **Relever les idées paragraphe par paragraphe**
   Utiliser la grille d'analyse p. 165.

Vers le BAC

Comment l'État agit-il sur l'activité économique ?

5

MISE EN SITUATION

Vous réalisez votre période de formation en milieu professionnel à l'accueil de l'association Entr'aide qui accompagne les personnes les plus démunies dans leurs démarches administratives. Mme Haddad, la présidente de l'association, doit présenter chaque année, lors du conseil d'administration, une synthèse sur la pauvreté en France et sur la réduction des inégalités. Pour l'aider, elle vous demande de réaliser une étude sur le système de redistribution en France. Elle vous confie différents documents pour préparer ce dossier et répondre ainsi à la question :

La politique de redistribution de l'État réduit-elle les inégalités ?

Partie 1 Exploitation des documents

Afin de préparer l'étude demandée par Mme Haddad, étudiez les DOCS. 1 À 4 et répondez aux questions suivantes.

1. À l'aide de vos connaissances, repérez les idées principales des DOCS. 2 ET 3, en recopiant le tableau de l'annexe 1 p. 165.

2. À l'aide des documents et de vos connaissances, répondez sur votre copie aux questions suivantes :

2.1. Quel est l'objectif de la politique de redistribution en France ?

2.2. Expliquez comment fonctionne le système de redistribution en France et la stratégie de lutte contre la pauvreté mise en place par l'État.

3. Sur votre copie, résumez en 8 à 10 lignes les idées principales du DOC. 4.

Partie 2 Écrit structuré

À l'aide de vos connaissances et du dossier joint, vous rédigerez une réponse structurée et argumentée (en suivant le plan proposé ci-dessous) à la question posée par Mme Haddad :

La politique de redistribution de l'État réduit-elle les inégalités ?

Dans une introduction, présenter la problématique, expliciter ses concepts essentiels et annoncer le plan.

1. La politique de redistribution en France

a. L'objectif et le fonctionnement de la politique de redistribution

b. Les différentes prestations sociales

2. Les résultats de la politique de redistribution

a. L'évolution depuis dix ans

b. Les engagements de l'État

Dans une conclusion, vous répondrez de manière synthétique à la problématique.

DOSSIER DOCUMENTAIRE

DOC 1 Les prestations sociales

Les prestations sociales sont des dépenses effectuées pour couvrir les individus et/ou les ménages face aux divers **risques sociaux**. Ces prestations sont « **en espèces** » quand elles correspondent à des compléments (allocations familiales) ou des remplacements de revenus (indemnisation du chômage, pensions de retraite). Elles sont « **en nature** » [...] quand elles couvrent des frais engagés (médicaments) ou quand elles sont versées directement à des services (hôpitaux par exemple). L'ensemble de ces dépenses représente plus de 700 milliards d'euros, près de **33 % du PIB** [en 2021].

secu-jeunes.fr.

DOC 2 Les 5 engagements de la stratégie pauvreté de l'État en France

La stratégie pauvreté est axée autour de 5 engagements :

Engagement n° 1 : L'égalité des chances dès les premiers pas pour rompre la reproduction de la pauvreté.

Engagement n° 2 : Garantir au quotidien les droits fondamentaux des enfants.

Engagement n° 3 : Un parcours de formation garanti pour tous les jeunes.

Engagement n° 4 : Vers des droits sociaux plus accessibles, plus équitables et plus incitatifs à l'activité.

Engagement n° 5 : Investir pour l'accompagnement de tous vers l'emploi.

solidarites-sante.gouv.fr

DOC 3 Évolution du taux de pauvreté en France, en %

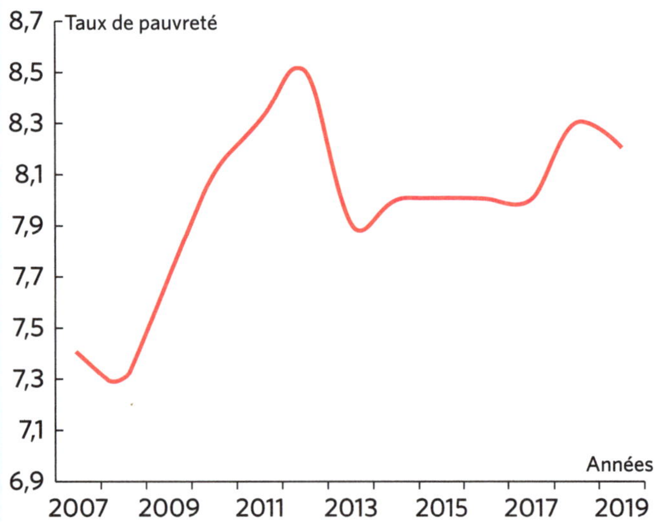

Le taux de pauvreté remonte en France depuis le début des années 2000. En 15 ans (de 2004 à 2019) le taux de pauvreté a progressé de 7 % à 8, 2 % au seuil situé à 50 % du niveau de vie médian (revenu moyen).

Insee, 2020.

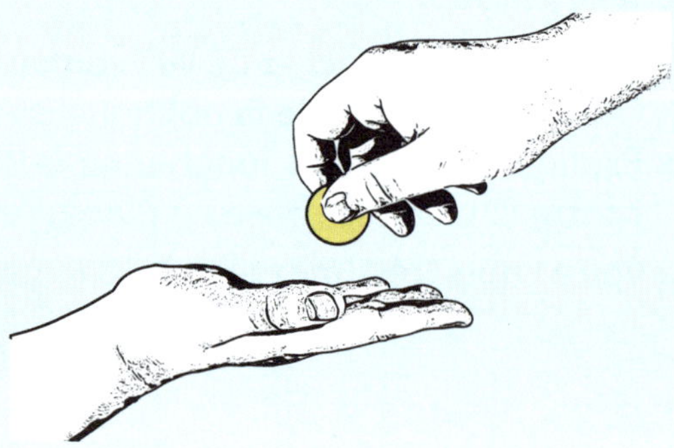

DOC 4 De plus en plus de pauvres en France

La France comptait en 2018 quelque 9, 3 millions de personnes considérées comme pauvres, soit 14, 8 % de la population [...]. Ces personnes pauvres, au sens statistique du terme, vivaient avec **moins de 1 063 euros par mois pour une personne seule, seuil qui correspond à 60 % du niveau de vie médian de la population**. Le niveau de vie médian s'élevait en 2018 à 21 250 euros annuels, [...] soit 1 771 euros par mois. [...]

L'écart entre les plus aisés et plus pauvres augmente

En 2018, les inégalités de niveau de vie ont également augmenté entre les ménages les plus aisés et les plus pauvres. Les plus aisés ont notamment bénéficié de la progression des revenus du patrimoine, liée à la forte hausse des dividendes, tandis que les moins aisés ont été affectés, outre la baisse des allocations logement, par la réforme de certaines prestations familiales.

De manière logique, le risque d'être pauvre dépend beaucoup du statut d'activité : en 2018, 37, 8 % des chômeurs étaient statistiquement pauvres, contre 8, 4 % des personnes en emploi, des proportions similaires à 2017.

bfmtv.com, 9 septembre 2020.

6
Droit

Comment le numérique transforme-t-il les modalités du travail ?

Capacités
- Repérer les modalités du travail engendrées par le développement du numérique.
- Identifier les conséquences de l'évolution des modalités du travail.

Notions abordées
- Travail collectif, collaboratif, à distance, télétravail
- Flexibilité du travail
- Décloisonnement entre la vie privée et la vie professionnelle
- Droit à la déconnexion

SITUATION PROFESSIONNELLE

Vous êtes salarié(e), sous la responsabilité de Nadia Di Napoli, directrice des ressources humaines (DRH) au sein de l'entreprise Assurplus, qui vend des produits d'assurance aux particuliers et aux entreprises. L'entreprise est présente sur l'ensemble du territoire national.
Nadia Di Napoli souhaiterait modifier les modalités du travail déjà en place dans l'entreprise grâce à des solutions numériques. Son objectif en tant que DRH est double : satisfaire les salariés et assurer la rentabilité de l'entreprise. Elle vous demande donc d'effectuer une étude sur la transformation des modalités du travail avec le développement du digital et du numérique.
Vous êtes chargé(e) d'analyser le dossier documentaire qu'elle vous a fourni afin de l'aider à créer un miniguide à destination de ses salariés.

VIDÉO
Les Gafam 2'05
www.lienmini.fr/ed31007travail

Je découvre la question

Numérique *au sens économique* = l'économie numérique est assimilée aux technologies de l'information et de la communication (TIC), et en particulier aux secteurs producteurs. Selon l'OCDE et l'Insee, le secteur des TIC regroupe les entreprises qui produisent des biens et services supportant le processus de numérisation de l'économie, c'est-à-dire la transformation des informations utilisées ou fournies en informations numériques (informatique, télécommunications, électronique).

Comment : interroge sur la manière dont une action se déroule et sur les moyens employés.

Comment le numérique transforme-t-il les modalités du travail ?

Transformer : faire passer d'une forme à une autre

Modalités du travail : manière dont s'organise au sens large le travail dans l'entreprise (type de contrat, durée du travail, planning, lieu de travail…).

Reformulation de la problématique

Quels sont les changements apportés par le développement du numérique dans les relations de travail entre employeurs et employés ?

Et vous ?
Quels sont les outils numériques que vous utilisez au quotidien ?

Mes missions

Mission 1 Repérer les modalités du travail engendrées par le développement du numérique

Mission 2 Identifier les conséquences de l'évolution des modalités du travail

Mes missions

Mission 1 Repérer les modalités du travail engendrées par le développement du numérique

ACTIVITÉ 1 Comment travaille-t-on : seul ou collectivement ?

Nadia Di Napoli vous expose deux situations de travail au sein de l'entreprise Assurplus. Elle vous demande d'analyser et de qualifier les interactions entre les collaborateurs dans les deux situations.

(DÉFINITIONS)

Travail coopératif : plusieurs personnes coopèrent pour effectuer un travail commun, et se partagent les tâches. Ce travail engage la **responsabilité de chacun**, car le travail est facilement identifiable.

Travail collaboratif : à la différence du travail coopératif, il n'y a pas répartition des rôles, le travail se fait en collaboration du début jusqu'à la fin. Ce travail engage donc la **responsabilité du groupe**.

DOC 1 Travail collaboratif ou coopératif

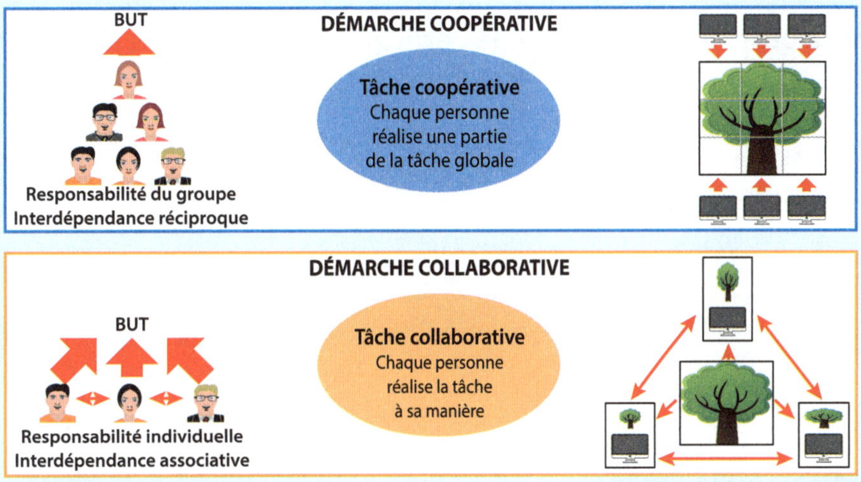

Delagrave, 2022.

1 En vous aidant du DOC. 1, indiquez la nature du travail la mieux adaptée à chaque situation et indiquez-en les principales caractéristiques.

Situation 1	Situation 2
Assurplus souhaite mettre au point un nouveau produit d'assurance. Pour ce faire, la direction a constitué un groupe composé d'ingénieurs financiers et de commerciaux. Un calendrier a été établi pour faire des points réguliers sur l'avancée du projet.	Chaque téléconseiller renseigne la plateforme des réclamations en remplissant une fiche informatique pour chaque appel reçu. Les autres téléconseillers ont accès aux données saisies sur le client par le téléconseiller pour un meilleur suivi des dossiers.
....	....
Caractéristiques de la modalité de travail	**Caractéristiques de la modalité de travail**
....	....
....	....
....	....
....	....

Nadia Di Napoli, convaincue par l'efficience du travail collectif, souhaite revoir la grille d'évaluation des collaborateurs de l'entreprise afin de prendre en compte cette dimension de travail collectif lors des entretiens annuels.

DOC 2 Développez votre sens du collectif au travail

Cette faculté [...] implique un grand sens éthique, notamment le désir de faire en sorte que toute l'entreprise dans son entièreté fonctionne et avance.

[...] Pour que la cohésion de groupe soit réellement et concrètement optimale, [...] les différents membres de ce groupe doivent agir et **travailler en même temps avec l'ambition ultime d'atteindre les objectifs collectifs fixés** et ainsi amener le succès de toute l'entreprise.

[...] Quelques pratiques régulières peuvent vous aider à augmenter votre capacité à privilégier le collectif à l'individuel : **écouter autrui**, vous montrer **solidaire et prêt à aider** les autres, **partager et transmettre vos connaissances**, adhérer aux **valeurs de l'entreprise**, [...] **participer** à la bonne ambiance de votre service, **vous impliquer** dans la vie de votre entreprise... [...] Vous veillerez à **soigner votre environnement de travail** [...].

Une fois votre environnement optimisé et les bonnes habitudes prises, [...] **apprenez à gérer votre temps,** [...] **anticipez** [et] **prévoyez.**

Raphaële Granger, www.manager-go.com, 13 janvier 2020.

2 Listez les critères à observer pour évaluer la participation des salariés au travail collectif dans l'entreprise.

....

....

....

....

....

ACTIVITÉ 2 Quand et où travaille-t-on ?

Nadia Di Napoli vous explique que le développement des outils numériques permet également aux collaborateurs de travailler ensemble différemment. Elle vous soumet deux demandes de salariés qu'elle vous demande d'analyser.

VIDÉO
Le télétravail en France 3'21
www.lienmini.fr/ed31007teletravail

DÉFINITIONS

Le **travail à distance** est le travail effectué en dehors du lieu où le résultat du travail est attendu, généralement les locaux de son employeur, grâce aux technologies de l'information et de la communication (Internet, téléphonie mobile, etc.).

COMPRENDRE Le développement du numérique et les outils nouveaux **modifient la manière dont le travail s'exerce.** L'organisation traditionnelle du travail est transformée et de nouvelles modalités et organisations apparaissent.

DOC 3 Le travail à distance

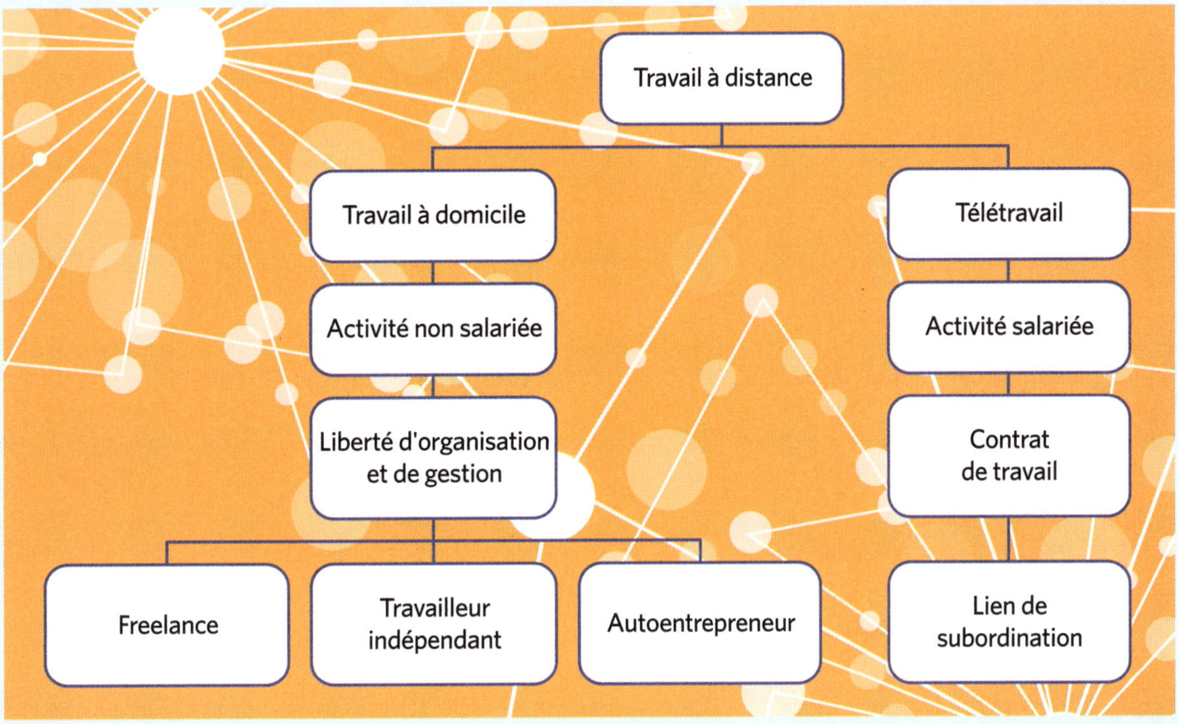

Delagrave, 2022.

3 En vous aidant du DOC. 3, qualifiez la modalité juridique de travail la plus adaptée à la situation de chaque salarié présentée ci-après.

Situation 1	Situation 2
Mme Laffay, assistante commerciale, souhaiterait travailler à son domicile le vendredi au lieu de venir à l'entreprise. Cet aménagement lui permettrait de mieux concilier sa vie personnelle et sa vie professionnelle et de réaliser des économies en lui évitant un trajet aller/retour.	M. Kobé, ingénieur spécialisé en informatique, actuellement salarié de l'entreprise, souhaiterait exercer en indépendant (en freelance). Son objectif est de s'épanouir au sein de plusieurs structures dont Assurplus.
....	....

Nadia Di Napoli vous charge, suite à la demande de ces deux salariés, d'approfondir les caractéristiques de ces nouveaux modes de travail.

DOC 4 Le télétravail et les nouvelles formes de travail

Autrefois confiné dans un lieu unique, assorti d'horaires fixes, le travail, dans le contexte du développement des technologies numériques, s'ouvre depuis quelques années à de nombreuses expérimentations : **télétravail** (effectuer des tâches hors de l'entreprise), **coworking** (bureaux partagés proches du lieu de vie), **freelance**...
Pendant longtemps, ces expérimentations ont été bridées par une culture managériale reposant sur la présence du salarié au bureau. Mais depuis quelques années, les essais de nouveaux modes d'organisation se sont accélérés grâce à plusieurs facteurs.
Parmi les principaux, on peut citer l'**internationalisation** des entreprises françaises, qui les a amenées à se confronter à d'autres manières d'envisager le travail, de **nouvelles réglementations** plus favorables, et l'**aspiration des nouvelles générations** à plus d'autonomie et de liberté d'organisation.

www.objectif-emploi-orientation.fr

> Et vous ?

Quels sont les outils numériques que vous utilisez dans vos relations avec les organisations (lycée, transports, commerces...) ?

4 En vous aidant du DOC. 4, expliquez en quelques lignes les nouvelles modalités du travail mises en place dans les entreprises et justifiez ces changements.

....

....

....

....

....

....

DOC 5 Pourquoi des horaires de travail flexibles rendent-ils les employés plus performants ?

Des modes de travail plus flexibles [...] sont aujourd'hui rendus possibles par les innombrables avancées technologiques [...] qui nous permettent de rester connectés. [...]
Cela permet aux employés de **mieux maîtriser leur propre emploi du temps** et de réduire les temps de trajet [...]. Des employés heureux sont aussi des employés plus productifs. [...] Des horaires flexibles permettent à vos employés de se concentrer sur leur travail lorsqu'ils y sont le mieux disposés. [...] Les entreprises qui engagent des salariés en télétravail présentent **une croissance plus rapide** que celles dont les employés travaillent uniquement dans leurs locaux.

https://insights.learnlight.com

5 Surlignez, sur le DOC. 5, les avantages de la flexibilité du travail pour le collaborateur et pour l'entreprise.

6 Définissez la notion de flexibilité.

....

....

Je fais le point

Podcast
www.lienmini.fr/ed31007podcast12

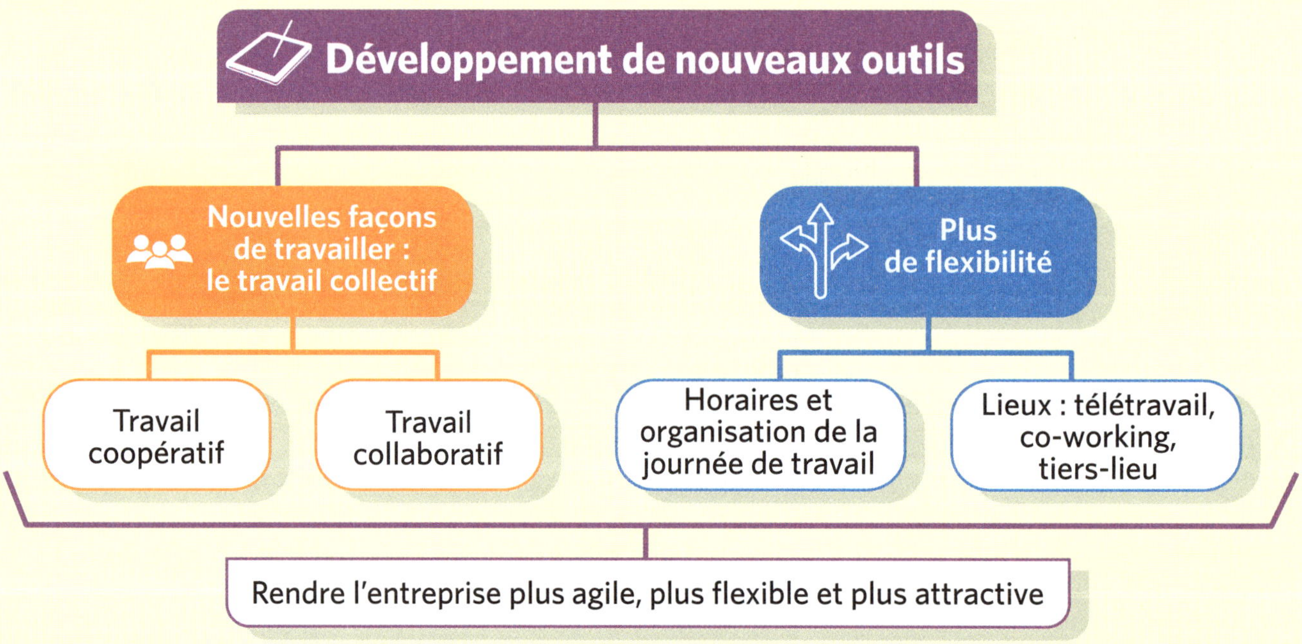

Mes missions

Mission 2 Identifier les conséquences de l'évolution des modalités du travail

Avant de prendre une décision quant à la mise en place de ces nouvelles modalités du travail au sein de l'entreprise, Nadia Di Napoli vous missionne pour en identifier les conséquences pour les collaborateurs et pour l'entreprise.

ACTIVITÉ 1 Quelles sont les conséquences de la mise en place de ces nouvelles modalités du travail pour les collaborateurs ?

Nadia Di Napoli vous rappelle que quelques collaborateurs volontaires lui ont déjà fait part de leur volonté d'adopter une de ces nouvelles modalités.

COMPRENDRE Pendant longtemps, vie privée et vie professionnelle ont constitué deux temps de vie strictement cloisonnés. Ce cloisonnement a volé en éclats sous l'effet de différentes mutations, tant technologiques que sociologiques. Les confinements ont encore accéléré ce processus. Ainsi, avec la mise en place des nouvelles modalités du travail, on parle aujourd'hui de **décloisonnement de la vie privée et de la vie professionnelle**.

VIDÉO
Télétravail et confinement 2'50
www.lienmini.fr/ed31007confinement

DOC 6 Les outils numériques dans la vie professionnelle des Français

Delagrave, 2022.

7 Précisez les aspects professionnels positifs du recours aux nouveaux outils numériques pour les salariés.

....

....

8 Expliquez les aspects professionnels négatifs du recours aux nouveaux outils numériques pour les salariés.

....

....

....

COMPRENDRE L'intrusion des nouvelles technologies utilisées à des fins professionnelles dans la vie privée des salariés a amené le **législateur** à **prendre des mesures pour préserver les conditions de travail** des salariés et préciser la notion de temps de travail.

Et vous ?
Que pensez-vous du développement de ces nouvelles modalités du travail ?

DOC 7 La législation du télétravail

Outre ses obligations de droit commun vis-à-vis de l'ensemble des salariés de l'entreprise, l'**employeur est tenu** à l'égard du salarié en télétravail de l'**informer** de toute restriction à l'usage d'équipements ou outils informatiques [...] et des sanctions en cas de non-respect de telles restrictions, de lui **donner priorité** pour occuper ou reprendre un poste sans télétravail [...], d'**organiser** chaque année un entretien qui porte notamment sur les conditions d'activité du salarié et sa charge de travail. **Les télétravailleurs bénéficient des mêmes droits** et avantages légaux et conventionnels que ceux applicables aux salariés en situation comparable travaillant dans les locaux de l'entreprise. **L'employeur qui refuse** d'accorder le bénéfice du télétravail à un salarié qui occupe un poste éligible à un mode d'organisation en télétravail dans les conditions prévues par accord collectif ou, à défaut, par la charte, doit motiver sa réponse. Le refus d'accepter un poste de télétravailleur n'est pas un motif de **rupture du contrat de travail**. L'accident survenu sur le lieu où est exercé le télétravail pendant l'exercice de l'activité professionnelle du télétravailleur est présumé être un **accident du travail** au sens de l'article L.411-1 du Code de la sécurité sociale.

www.entreprises.cci-paris-idf.fr, 20 février 2019.

9 En vous aidant du DOC. 7, synthétisez les droits du télétravailleur et les obligations de l'employeur dans le tableau ci-dessous.

Droits du télétravailleur	Obligations de l'employeur
....	....
....	....
....	....
....	....
....	....
....	....
....	....
....	....
....	....
....	....

ACTIVITÉ 2 Quelles sont les conséquences de la mise en place de ces nouvelles modalités du travail pour les entreprises ?

Maintenant qu'elle a une idée plus précise des conséquences de la mise en place de ces nouvelles formes de travail dans l'entreprise pour les collaborateurs, Nadia Di Napoli vous demande de vous pencher sur les conséquences pour l'entreprise.

DOC 8 Les avantages du télétravail salarié

Les avantages du télétravail salarié sont multiples. [...] Le télétravail permet en effet la **croissance interne**, l'entreprise continue d'embaucher sans augmenter la **capacité d'accueil** de ses locaux. Le télétravail permet également **25 % de productivité salariale supplémentaire** (toutes études confondues) due à l'amélioration des **conditions de travail** du salarié : moins de transport, moins de stress, un management par objectif plus flexible, une confiance établie. La mise en place du télétravail au sein d'une entreprise est enfin le garant d'une **réduction du turn-over et de l'absentéisme**, et d'un argument très attractif à l'embauche.

www.teletravailcenter.fr

VIDÉO
Télétravail : les bonnes pratiques 3'19
www.lienmini.fr/ed31007pratiques

RESSOURCE
Trois conseils de management en télétravail
www.lienmini.fr/ed31007conseils

10 Listez les conséquences positives du télétravail pour l'entreprise.

....

....

11 Précisez la politique de management que doivent adopter les dirigeants recourant au télétravail.

....

....

ACTIVITÉ 3 Comment le droit protège-t-il le salarié ?

DOC 9 Le droit à la déconnexion

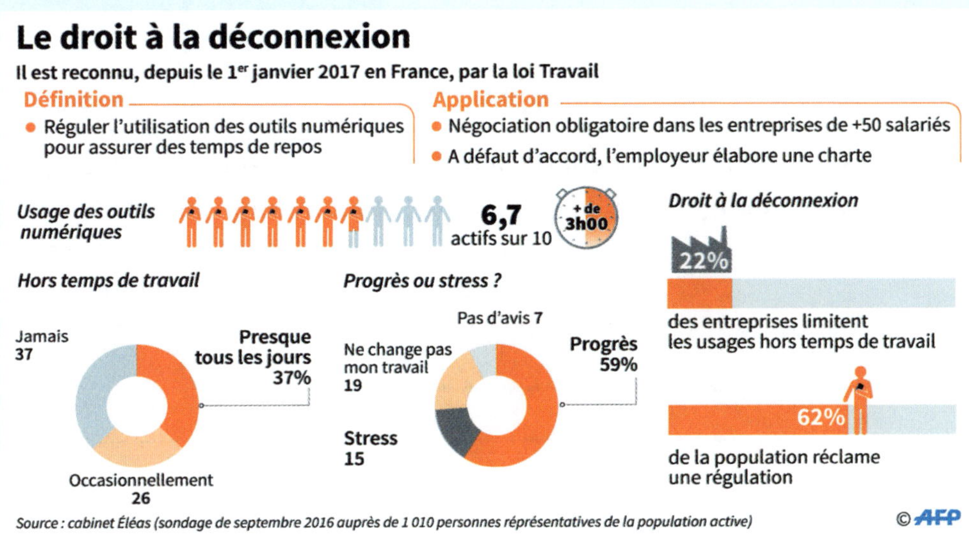

VIDÉO
Blurring : le droit à la déconnexion 4'39
www.lienmini.fr/ed31007blurring

12 Justifiez la reconnaissance de ce droit à la déconnexion.

COMPRENDRE Le législateur a instauré le **droit à la déconnexion** pour encadrer ces nouvelles modalités du travail et ainsi éviter les abus qui pourraient naître du décloisonnement entre la vie privée et la vie professionnelle.

13 Entourez sur le DOC. 9 le principe et l'application de ce droit à la déconnexion.

14 Expliquez la position de la Cour de cassation à l'aide de la vidéo.

Je fais le point

Podcast
www.lienmini.fr/ed31007podcast13

Nouvelles modalités du travail

- **Conséquences positives**
  - Augmentation de la productivité, moins d'absentéisme, plus de flexibilité
  - Impact positif sur l'exécution du travail
- **Conséquences négatives**
  - Peur de la perte d'autorité, coût, risque de conflits
  - Isolement, difficultés à se déconnecter, décloisonnement entre la vie professionnelle et la vie privée

→ Réguler juridiquement avec un accord, une charte et la loi sur le droit à la déconnexion

→ Repenser les méthodes de management en prenant en compte ces nouvelles modalités de travail

À moi de jouer !

Testez-vous !
Comment le numérique transforme-t-il les modalités de travail ?
www.lienmini.fr/ed31007exo06

1 | Maîtriser le vocabulaire économique

Complétez la grille ci-dessous à l'aide des définitions fournies.

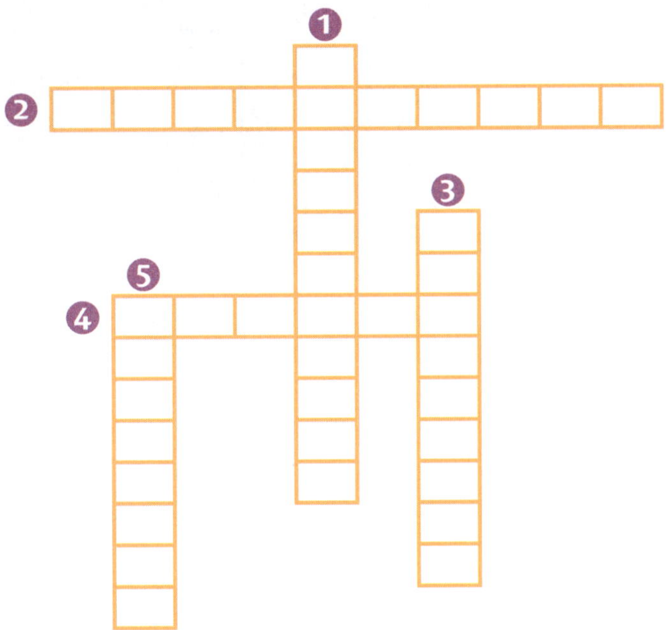

1. Travail réalisé à distance.
2. Travail basé sur un partage de tâches pour effectuer un travail commun.
3. Se dit d'un indépendant.
4. Qui travaille à l'extérieur de l'entreprise.
5. Qualifie les nouveaux outils.

2 | Analyser un graphique

Rabat 5

DOC Le télétravail en 2020

Des télétravailleurs moins nombreux qu'au printemps...
(part de télétravailleurs dans l'ensemble des salariés)

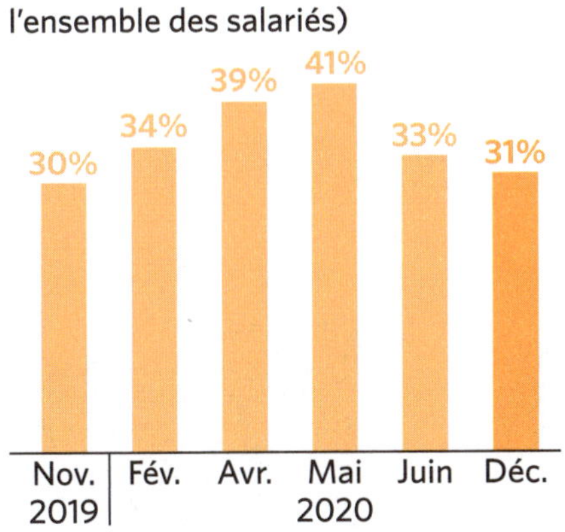

... mais un nombre de jours moyens télétravaillés qui reste élevé
(part de télétravailleurs dans l'ensemble des salariés)

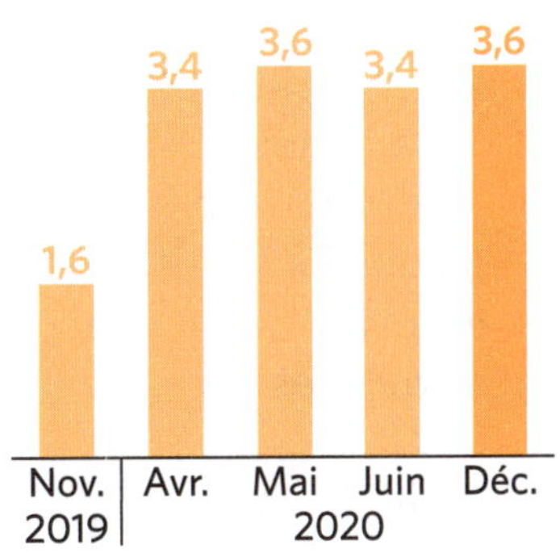

Données Malakoff.

Commentez et expliquez l'évolution du télétravail en France en regard avec la pandémie Covid-19.

3 | Argumenter

DOC Microsoft Teams

Depuis plusieurs années, bureaux et open spaces standardisés laissent place à des espaces de coworking et au télétravail : l'opportunité d'acquérir plus de flexibilité et de liberté, mais également de faire des économies.

Microsoft Teams, outil collaboratif

La solution est connectée à l'ensemble de l'environnement Microsoft 365 [...]. De cette manière, il est possible de mettre en place des démarches de travail collaboratif sur des fichiers que plusieurs personnes peuvent modifier et commenter en direct, et éviter ainsi les transferts de documents [...].

Le résultat est non seulement plus fluide, mais également plus sécurisé, puisque OneDrive permet de protéger les fichiers stockés.

Microsoft Teams, solution de visioconférence

Un outil riche d'enjeux pour les entreprises, à l'heure du télétravail et des objectifs de réduction de l'empreinte carbone [qui inclue] partage d'écran pour rendre les échanges plus fluides et interactifs [et] « changement de décor » pour préserver l'intimité de l'intervenant [...].

Autre avantage : les TPE et les PME peuvent s'en servir pour organiser des réunions entre collaborateurs ou des rendez-vous virtuels avec des clients et des prospects, [ou encore] inviter jusqu'à 10 000 participants à des séminaires virtuels de très grande envergure.

www.01net.com

VIDÉO
Présentation de Microsoft 365 2'13
www.lienmini.fr/ed31007microsoft

Débat : Votre entreprise de PFMP veut choisir une solution de travail numérique. Devrait-elle choisir Microsoft 365 ?
Basez-vous sur les documents proposés ainsi que sur vos propres recherches en ligne.

4 | Identifier les nouvelles modalités de travail

Par groupes de deux, choisissez deux entreprises dans lesquelles vous avez réalisé une PFMP et listez les nouvelles modalités du travail auxquelles elles ont recours et les bénéfices qu'elles en retirent afin de les comparer.
Présentez votre travail à l'ensemble de votre classe à l'aide d'un support numérique.

BILAN

CHAPITRE 6

Sketchnote www.lienmini.fr/ed31007synth06

Comment le numérique transforme-t-il les modalités du travail ?

Les outils numériques et digitaux engendrent :

- **De nouvelles modalités de travail**
  - Travail collaboratif, coopératif, collectif
  - Partage de la connaissance, communication collaborative
  - Flexibilité dans les horaires et l'organisation de la journée de travail
  - Flexibilité dans les lieux de travail : télétravail, co-working...
- **Une nouvelle législation pour encadrer le décloisonnement entre la vie privée et la vie professionnelle**
  - Droit à la déconnexion
  - Encadrement par la loi, les accords d'entreprise ou les chartes d'utilisation des nouveaux outils numériques

→ Plus de souplesse et de flexibilité | Répondre aux nouvelles aspirations des collaborateurs | Augmenter les performances de l'entreprise

Les mots du droit

- **Décloisonnement entre vie privée et vie professionnelle (ou *blurring*) :** suppression de la frontière entre vie privée et vie professionnelle.
- **Droit à la déconnexion :** régulation par le droit de l'utilisation du numérique par les salariés à des fins professionnelles pour leur assurer des temps de repos.
- **Flexibilité du travail :** possibilité pour un salarié de moduler son lieu de travail ou ses horaires en fonction de ses contraintes personnelles ou de leur charge de travail.
- **Télétravail :** activité professionnelle salariée exercée à distance (d'une entreprise), grâce aux outils de télécommunication.
- **Travail à distance :** travail effectué en dehors du lieu où le résultat du travail est attendu, généralement les locaux de son employeur, grâce aux technologies de l'information et de la communication (Internet, téléphonie mobile, etc.).
- **Travail collaboratif :** travail collectif qui ne prévoit pas de répartition des rôles, le travail se fait en collaboration du début jusqu'à la fin.
- **Travail collectif :** travail en équipe pour atteindre un objectif.
- **Travail coopératif :** plusieurs personnes coopèrent pour effectuer un travail commun et se partagent les tâches.

Je construis mon cours

Résumez les idées essentielles une fois chaque mission effectuée.

Mission 1 Repérer les modalités du travail engendrées par le développement du numérique

Mission 2 Identifier les conséquences de l'évolution des modalités du travail

JE RÉPONDS À LA MISE EN SITUATION PROFESSIONNELLE

Maintenant que vous avez analysé l'ensemble des documents, Nadia Di Napoli veut que vous répondiez à sa demande : créer un miniguide destiné à informer les salariés sur l'utilisation des TIC dans l'entreprise.

Dans ce miniguide, vous devrez identifier :
- les nouveaux outils numériques ;
- les nouvelles modalités du travail ;
- les avantages et les inconvénients de l'e-communication ;
- les contraintes légales.

Vous pouvez utiliser une application numérique ou un logiciel de mise en forme afin de réaliser ce miniguide.

Méthode Analyser une infographie 6

Je comprends la méthode

DOC 1 **Zoom sur les cadres du privé - télétravailleurs intensifs**

AVANT LE CONFINEMENT

5 %

télétravaillaient au moins 2 jours par semaine

PARFOIS UN AMÉNAGEMENT DE POSTE

1/10

est en situation de handicap (2 fois plus que les non-télétravailleurs)

DES CADRES PLUS ISOLÉS

80 %

reçoivent de l'aide de leurs collègues (contre 88 % des non-télétravailleurs)

DES HORAIRES PLUS LONGS ET PLUS ATYPIQUES

Plus de 50 h

par semaine et entre 20 h et minuit

Données Insee 2019.

Étape 1 Identifiez les caractéristiques générales de l'infographie

- Surlignez sur le DOC. 1 : le titre, la date de parution, l'auteur.
- Notez les unités utilisées : ....
- Indiquez la zone géographique concernée : ....

☐ J'ai validé l'étape 1

Étape 2 Comprendre l'infographie

- Identifiez les éléments présents sur l'infographie :

○ Dessin ○ Graphique ○ Schéma ○ Symboles ○ Texte ○ Chiffres ○ Photos

- Nommez les éléments d'information abordés dans l'infographie :

....

....

☐ J'ai validé l'étape 2

Étape 3 Restituer les idées principales de l'infographie

....

....

....

....

....

....

....

☐ J'ai validé la méthode

J'applique la méthode

☛ Rabat 6

DOC 2 **Télétravail et confinement : les premiers chiffres-clés**

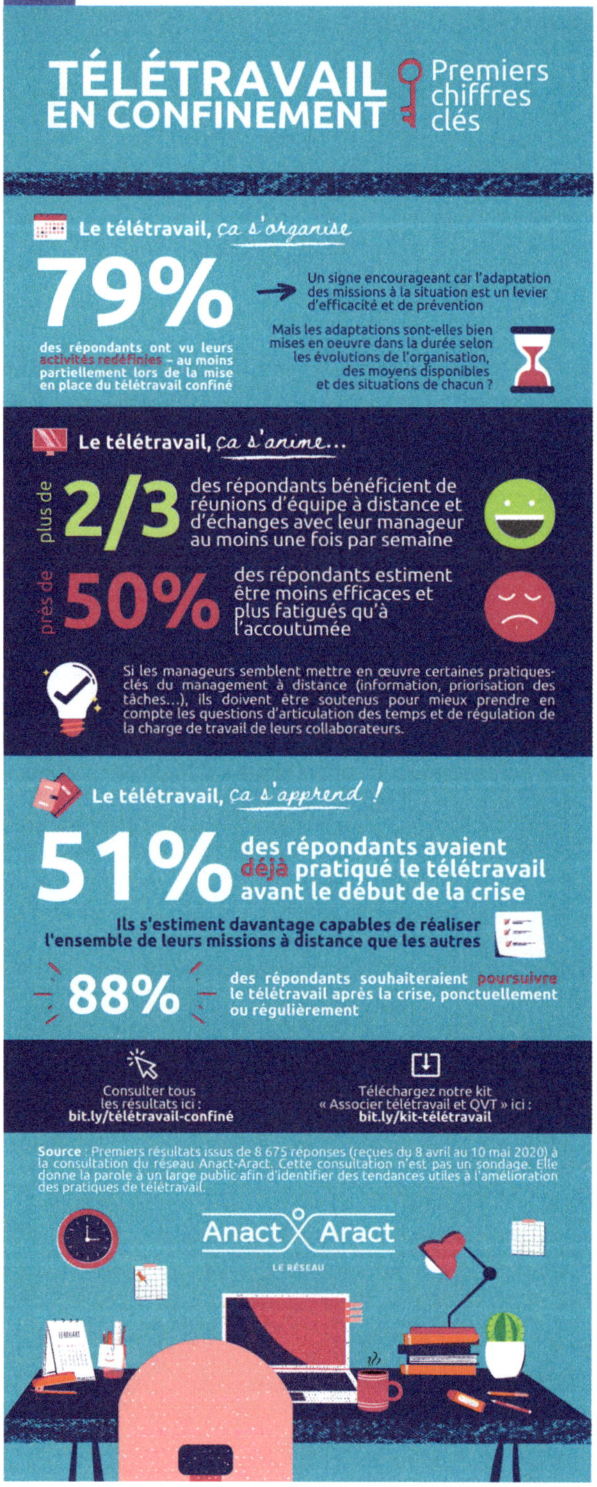

Agence nationale pour l'amélioration des conditions de travail, avril/mai 2020.

Les étapes à suivre

1 Identifier les caractéristiques générales de l'infographie

2 Comprendre l'infographie

3 Restituer les idées principales de l'infographie

Vers le BAC

6

Comment le numérique transforme-t-il les modalités du travail ?

MISE EN SITUATION

Vous réalisez actuellement votre PFMP au sein de l'agence commerciale Immo passion. Cette agence immobilière est spécialisée dans la vente de propriétés d'exception (châteaux, domaines viticoles et villas de luxe). Elle a été durablement affectée par les confinements de 2020. Le directeur, M. El Hamid, s'interroge depuis sur la mise en place d'une organisation du travail basée sur les nouvelles technologies et le télétravail. M. El Hamid vous demande de travailler sur ce thème afin de l'aider à répondre à la question :

Comment le numérique a-t-il transformé les modalités de travail suite au confinement ?

Partie 1 Exploitation des documents

Afin de préparer l'étude demandée par M. El Hamid, étudiez les DOCS. **1** À **3** et répondez aux questions suivantes.

1. **Sur votre copie, résumez sur 8 à 10 lignes les idées principales du DOC 1.**
2. **À l'aide de vos connaissances, repérez les idées principales des DOCS. 2 ET 3, en recopiant le tableau de l'annexe 1 p. 165.**
3. **À l'aide des documents et de vos connaissances, répondez sur votre copie aux questions suivantes :**
   - 3.1. Quels sont les objectifs des nouveaux modes de travail ?
   - 2.2. Quelles sont les étapes de la mise en place des nouveaux modes de travail pour l'entreprise Immo Passion ?

Partie 2 Écrit structuré

À l'aide de vos connaissances et du dossier joint, vous rédigerez une réponse structurée et argumentée (en suivant le plan proposé ci-dessous) à la question posée par M. El Hamid :

Comment le numérique a-t-il transformé les modalités de travail suite au confinement ?

Dans une introduction, présenter la problématique, expliciter ses concepts essentiels et annoncer le plan.

1. **Les modalités de la digitalisation des entreprises**
   - a. Les nouveaux outils digitaux
   - b. Les formes de travail issues de la digitalisation des entreprises

2 . **L'impact du numérique sur les modalités de travail**
   - a. L'impact positif
   - b. Les aspects négatifs

Dans une conclusion, vous répondrez de manière synthétique à la problématique.

DOSSIER DOCUMENTAIRE

DOC 1 Nouveaux modes de travail : pourquoi et comment les adopter ?

Télétravail, flex office [bureau partagé], nomadisme, smart office [bureau intelligent], digital workplace [environnement connecté qui permet le partage de données]... Les **nouveaux modes de travail** sont de plus en plus plébiscités par les entreprises. [...] Ces nouvelles formes de travail présentent **beaucoup d'avantages** pour l'entreprise et ses collaborateurs, tels que des gains de productivité, une meilleure rétention des talents et même une amélioration du bien-être au travail. [...]

Un des principaux bénéfices de l'adoption d'un nouveau mode de travail est lié à la **réduction des coûts immobiliers**. En effet, le télétravail, le nomadisme, le flex office et le co-working permettent tous de réduire les coûts liés aux espaces de travail, en réduisant l'occupation ou en partageant ces espaces (par conséquent moins occupés) avec d'autres entreprises. Par ailleurs, mettre en place un mode de travail qui convient mieux à vos employés permet de **réduire le turnover et donc les coûts liés au recrutement** et à l'intégration des collaborateurs.

Talkspirit, 19 octobre 2020.

DOC 2 Les addictions liées au télétravail

D'après les études réalisées par ODEXA en avril et octobre 2020, *Le Parisien*, 5 novembre 2020.

DOC 3 Confinement du printemps 2020 : l'impact du télétravail sur les compétences digitales

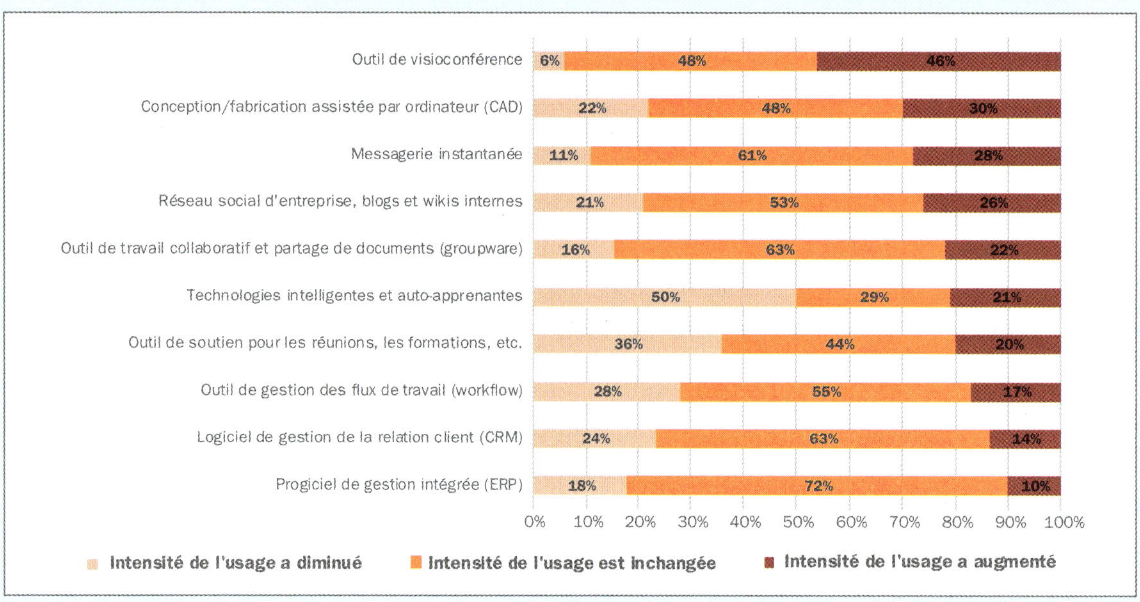

1re vague de l'Enquête sur les impacts socio-économiques de la crise du COVID-19, LISER et Université du Luxembourg, 2020.

7
Droit

Quels statuts possibles pour une relation de travail ?

Capacités

- Repérer les caractéristiques du contrat de travail et du contrat de prestation de services.
- Distinguer les différents types de contrat de travail.
- Différencier les statuts de salarié et d'indépendant.

Notions abordées

- Contrats de travail : les trois éléments caractéristiques
- Contrat de prestation de services
- Les types de contrat de travail : CDI, CTT, CDD
- Organisation du temps de travail
- Rémunération
- Représentation
- Statut du salarié
- Statut du travailleur indépendant

SITUATION PROFESSIONNELLE

Vous êtes salarié(e) au poste de responsable adjoint, sous la responsabilité de Samuel Rauel, le gérant du magasin Sport & Co. de Montpellier, spécialisé dans les équipements sportifs. Le portefeuille clients est constitué essentiellement de clubs sportifs du département.

Vous êtes salarié(e) depuis 5 ans et vous souhaitez commencer une activité de coach sportif.

Vous et Samuel Rauel souhaitez comprendre comment votre statut de salarié peut évoluer, et surtout quelles sont les solutions pour vous remplacer. Il souhaite comprendre les différents statuts et contrats possibles pour faire face à votre reconversion.

Vous êtes chargé(e) d'analyser et de faire un mémo sur le dossier documentaire qu'il vous a fourni afin de l'aider à prendre la meilleure décision compte tenu des circonstances.

VIDÉO

Tout savoir sur les différents statuts des auto-entrepreneurs 1'23

www.lienmini.fr/ed31007cumul

Je découvre la question

Statuts : la notion de statut s'applique à la population active ayant un emploi.

- Salariés : salariés du secteur privé ; salariés de la fonction publique (État, collectivités locales, fonction publique hospitalière) ; salariés des entreprises publiques ou nationales et de la Sécurité sociale.
- Non-salariés : indépendants sans salarié ; employeurs ; aides familiaux.

Quels statuts possibles pour une relation de travail?

Relation : au sens juridique, lien entre deux ou plusieurs personnes physiques ou morales.

Travail : ensemble des activités humaines organisées, coordonnées en vue de produire ce qui est utile ; activité productive d'une personne.

Reformulation de la problématique

Quelles sont les différentes solutions juridiques pour exercer une activité / un travail ?

Et vous ?

Une fois diplômé(e), avec quel statut souhaiteriez-vous travailler ?

Mes missions

Mission 1 Repérer et distinguer les différents contrats dans une relation de travail

Mission 2 Différencier les statuts de salarié et d'indépendant

Mes missions

Mission 1 Repérer et distinguer les différents contrats dans une relation de travail

Samuel Rauel vous demande de repérer les différentes caractéristiques des différents contrats et souhaite votre avis pour votre remplacement.

ACTIVITÉ 1 Quelles sont les caractéristiques des différents contrats ?

DÉFINITIONS

Contrat de travail : contrat entre un travailleur et un employeur, par lequel le travailleur s'engage auprès de l'employeur à exécuter un travail sous l'autorité de celui-ci, contre rémunération.

Rémunération : somme d'argent payée en échange d'un travail ou d'un service. Il existe plusieurs types de rémunération : au salaire de base (contrepartie du travail fourni) peut s'ajouter un certain nombre de rémunérations individuelles et/ou collectives (primes, intéressement, participation).

Lien de subordination : l'employeur exerce son pouvoir de direction sur le salarié. Il a le pouvoir de donner des directives, d'en contrôler l'exécution et d'en sanctionner la mauvaise exécution.

DOC 1 Les caractéristiques du contrat de travail

Quel que soit le type de contrat ou la nature du poste à pourvoir, le contrat de travail comporte l'ensemble des caractéristiques présentées ci-dessous.

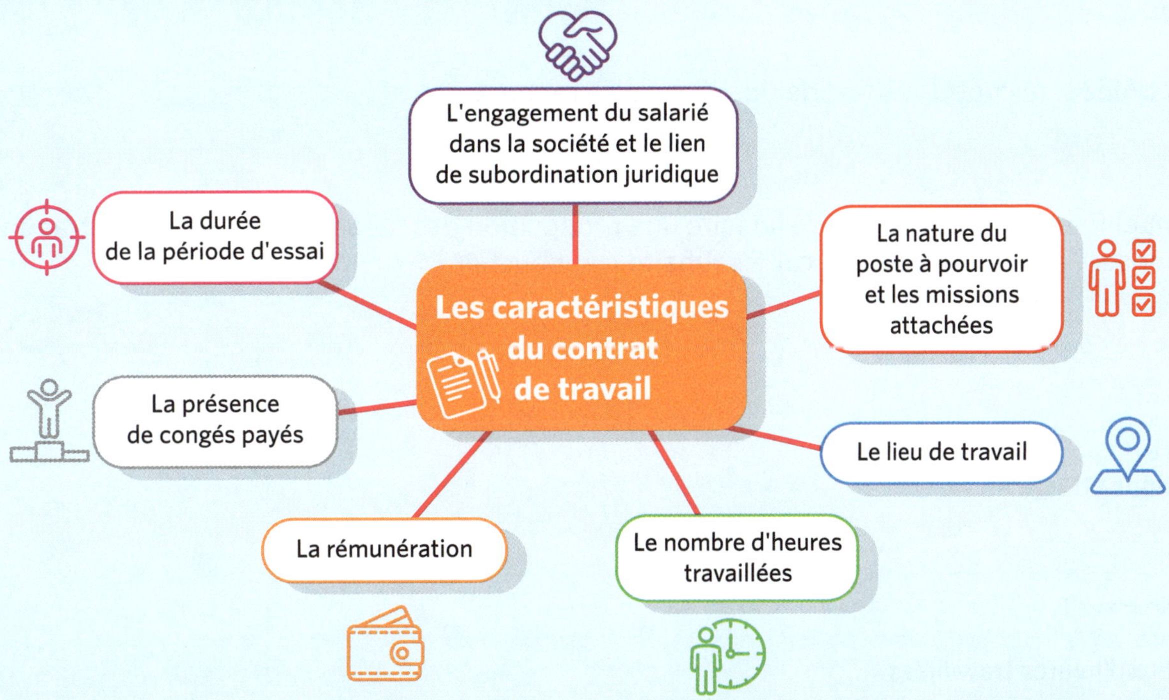

Delagrave, 2022.

COMPRENDRE **3 conditions** sont **indispensables** pour qualifier le contrat de travail :
- le **travail à effectuer** ;
- la **rémunération** ;
- le **lien de subordination** entre le salarié et son employeur.

Mission 1 Repérer et distinguer les différents contrats dans une relation de travail

Sport Nature est le concurrent principal de Sport & Co. Cette entreprise emploie 4 salariés, dont Virginie Matheu. Samuel Rauel a eu un entretien avec elle au cours duquel elle a négocié ses conditions de travail. Elle lui a laissé une copie de son contrat de travail. Il vous demande d'analyser son contrat car il souhaite l'embaucher.

DÉFINITION

Contrat de travail à durée indéterminée (CDI) : forme normale et générale de la relation de travail. Par définition, il ne prévoit pas la date à laquelle il prend fin. Il peut être rompu sur décision unilatérale soit de l'employeur (licenciement pour motif personnel ou pour motif économique, mise à la retraite), soit du salarié (démission, départ à la retraite, rupture conventionnelle), ou encore pour une cause extérieure aux parties (ex. cas de force majeure).

RESSOURCE

Le CDI
www.lienmini.fr/ed31007cdi

1 Nommez le contrat présenté dans le DOC. 2 (page de droite). ☛ Rabat 2

....

2 Identifiez les parties au contrat présentes dans le DOC. 2.

....

3 Déterminez quelles sont les obligations de chacune des parties.

....
....
....
....

4 Contrôlez si le contrat est valide. Justifiez votre réponse.

....

5 Samuel Rauel vous demande de lui faire une proposition des caractéristiques du contrat en CDI qu'il proposera à Virginie Matheu, car il souhaite l'embaucher.

	Contrat de travail Sport Nature	Proposition
La nature du poste à pourvoir et les missions attachées		
Le lieu de travail		
Le nombre d'heures travaillées		
La rémunération mensuelle		
La présence de congés payés		
La durée de la période d'essai		

6 Indiquez quelle est la durée du CDI.

....

DOC 2 Le contrat de travail chez Sport Nature

SPORT NATURE

CONTRAT DE TRAVAIL À DURÉE INDÉTERMINÉE

Entre les soussignés :

Raison sociale de l'employeur : SPORT NATUREDont le siège social est situé à Valras

Représentée par Sylvain Durantineau

D'une part,

Et

Virginie Matheu

Demeurant 2 place du Général de Gaulle – 34350 Valras

N° de Sécurité sociale : 2 99 01 34 002 100 14

D'autre part,

Il a été convenu et arrêté ce qui suit :

Article 1 : Date d'embauche et nature du contrat

SPORT NATURE engage Virginie Matheu à compter du 1er septembre à 8 h 00 heures dans le cadre d'un contrat de travail à durée indéterminée, sous réserve des résultats de la visite médicale d'embauche.

Article 2 : Période d'essai

Le présent contrat ne deviendra définitif qu'à l'issue d'une période d'essai d'un mois.
Elle pourra être renouvelée exceptionnellement conformément auxdispositions de la convention collective nationale du sport. Ce renouvellement devra être motivé et signifié par écrit.

Durant cette période, chacune des parties pourra rompre le contrat sans préavis ni indemnité.

Article 3 : Emploi et classification

SPORT NATURE engage Virginie Matheu en qualité deresponsable adjointe avec la qualification technicienne correspondant au groupe 2 de la convention collective nationale du sport.

Article 4 : Fonctions

La salariée exercera les fonctions de responsableadjointe sous l'autorité et selon les directives du gérant auquel elle rendra compte de son activité.

Dans le cadre de ses fonctions, la salariée, et sans que cette liste soit limitative, sera chargée d'assurer :

- le management de l'équipe de vendeurs ;
- la gestion des produits ;
- la gestion des animations et des promotions.

Article 5 : Lieu de travail

Le contrat de travail s'exécutera au point de vente SPORT NATURE, à Valras.

Article 6 : Durée et horaires de travail

La salariée est tenue d'effectuer une durée hebdomadaire de travail de 35 heures.

La salariée est soumise aux horaires en vigueur dans la structure (les préciser s'ils ne sont pas affichés sur le lieu de travail des salariés ou dans le règlement intérieur car ils doivent êtreprécisés au salarié et, dans le cas où ils diffèrent, pour chaque salarié).
Ces horaires ne constituent pas un élément essentiel du présent contrat, et pourront, en conséquence, être modifiés en fonction del'organisation de la structure et des nécessités de service.

La salariée pourra être amenée à effectuer des heures supplémentaires, à la demande de son employeur, conformément aux dispositions du Code du travail et de laconvention collective.

Article 7 : Rémunération

En contrepartie, la salariée percevra une rémunération mensuelle brute de 1 650 euros.

La salariée est informée par le présent contrat qu'elle bénéficie également :

– d'une prime d'ancienneté conformément à l'article 9.2.3 de laconvention collective nationale du sport.

Article 8 : congés payés

La salariée bénéficiera du droit aux congés payés conformément aux dispositions légales et conventionnelles en vigueur.

Article 9 : Convention collective applicable

Le présent contrat est régi par la convention collective nationale du sport et consultable au secrétariat de direction.

Fait en deux exemplaires

À Valras, le 1er septembre 2018

Signature de l'employeur
Faire précéder la signature de la mention « lu et approuvé »

Lu et approuvé

Signature du salarié
Faire précéder la signature de la mention « lu et approuvé »

Lu et approuvé

Delagrave, 2022.

Soucieux de votre avenir professionnel, Samuel Rauel vous confie également l'étude de documents relatifs à un contrat de prestation de services de coach sportif.

DOC 3 Les caractéristiques du contrat de prestation de services

Le **prestataire de services** s'engage à réaliser un service de manière **indépendante** pour un client, qui s'engage à verser un **paiement en contrepartie du travail effectué**. Le service est donc réalisé **sans contrat de travail**. La signature de la convention de prestation de services engage les deux parties (le prestataire et le client) à respecter leurs obligations respectives. Le document signé fait naître des droits et revêt une valeur commerciale.
Quel que soit le type de contrat de services, il doit, pour être valide, attester des **caractéristiques** suivantes : les parties au contrat, les obligations des parties, l'objet, le lieu, le prix, le droit de rétractation, la durée, les conditions de résiliation et la juridiction compétente en cas de litige.

Delagrave, 2022.

VIDÉO
Les clauses principales d'un contrat de prestation de services 2'55
www.lienmini.fr/ed31007clauses

7 Déterminez quelles sont les parties du contrat de prestation de services.

8 Identifiez les obligations de chacune des parties relatives au contrat de prestation de services.

9 Indiquez les caractéristiques indispensables pour que le contrat de prestation de services soit valide.

DOC 4 Information en cas de reconduction d'un contrat de prestation de services à durée déterminée

Selon l'article **L215-1 du Code de la consommation** (ancien article L.136) loi n° 2017-203 du 21 février 2017 : « Pour les contrats de prestation de services conclus pour une durée déterminée avec une clause de reconduction tacite, le professionnel prestataire de services informe le client par écrit, par lettre nominative ou courrier électronique dédié [...]. Cette information, délivrée dans des termes clairs et compréhensibles, mentionne dans un encadré apparent, la date limite de non-reconduction. Lorsque cette information ne lui a pas été adressée [...], le client peut mettre gratuitement un terme au contrat, à tout moment à compter de la date de reconduction. »

www.legifrance.gouv.fr

10 Définissez, à l'aide d'un dictionnaire, « tacite reconduction ».

11 Surlignez dans le DOC. 4 le moyen par lequel le prestataire de services informe son client de la fin du contrat.

12 Précisez si le client peut mettre fin au contrat et dans quelles conditions.

ACTIVITÉ 2 Quels sont les différents types de contrat de travail ?

Samuel Rauel n'est pas convaincu par l'embauche d'un CDI pour vous remplacer, il s'intéresse donc à la possibilité d'embaucher une personne en contrat dit « précaire ».

VIDÉO
Contrats de travail : CDI, CDD, intérim 3'30
www.lienmini.fr/ed31007contrats

(DÉFINITIONS)

Les contrats de travail sont le CDI (p. 124), le CDD et le CTT. Le CDD et le CTT ne peuvent avoir ni pour objet ni pour effet de pourvoir directement un emploi lié à l'**activité normale et permanente** de l'entreprise.

Contrat de travail à durée déterminée (CDD) : ce contrat n'est possible que pour l'exécution d'une **tâche précise et temporaire**, et seulement dans les cas énumérés par la loi. Il doit obligatoirement faire l'objet d'un écrit. Conclu en dehors du cadre légal, il peut être considéré comme un contrat à durée indéterminée.

Contrat de travail temporaire (CTT) : le salarié sous contrat de travail temporaire, appelé **intérimaire**, est embauché et rémunéré par une **entreprise de travail temporaire** qui le met à disposition d'une entreprise utilisatrice pour une durée limitée. Les cas de recours prévus par la loi sont les mêmes que pour le CDD, sauf pour les contrats aidés, pour lesquels l'intérim est exclu.

DOC 5 Tableau comparatif CDD/CTT

	CDD	Mission intérimaire
Objet	Exécution d'une tâche précise et temporaire	Exécution d'une tâche précise et temporaire
Motifs du contrat	Pas de différence	
Durée et renouvellement du contrat	Pas de différence	
Durée de la période d'essai	1 jour par semaine de travail prévue au contrat, dans la limite de - 2 semaines pour les contrats de moins de 6 mois ; - 1 mois pour les contrats de plus de 6 mois.	- 2 jours ouvrés pour un contrat de 1 mois au moins ; - 3 jours ouvrés pour un contrat de 1 à 2 mois ; - 5 jours ouvrés pour un contrat de plus de 2 mois.
Rémunération	Pas de différence	
Indemnités de congés payés	10 % de la rémunération brute totale du contrat. Versée par l'employeur.	10 % de la rémunération brute totale de la mission. Versée par l'agence d'intérim.
Indemnité de fin de contrat	10 % de la rémunération brute totale du contrat (6 % si un accord l'autorise et si le salarié bénéficie en contrepartie d'une formation). Versée par l'employeur.	10 % de la rémunération brute totale de la mission. Versée par l'agence d'intérim.
Prise en compte dans l'effectif	Salarié pris en compte dans l'effectif de l'entreprise	Intérimaire non pris en compte dans l'effectif de l'entreprise utilisatrice
Remplacement du salarié en cours de contrat	Impossible sauf faute grave	Possible si l'agence d'intérim propose un nouveau contrat à l'intérimaire
Formalités administratives / contrat de travail / paye et déclarations sociales	À la charge de l'entreprise	À la charge de l'agence d'intérim

L'exemple du CDD de Maria :

- CDD ou mission intériaire de 4 mois
- Salaire : 1 570 € brut mensuel
- Coefficient de facturation de l'agence d'intérim : 2,10

	Coût financier d'un CDD pour l'entreprise utilisatrice	Coût financier d'une mission intérimaire pour l'entreprise utilisatrice
Salaire brut mensuel	1 570 €	1 570 €
Salaire brut sur la période considérée	6 280 €	6 280 €
Coefficient de facturation	0	2,10
10 % d'indemnité de fin de contrat	628 €	
10 % d'indemnité compensatrice de congés payés (indemnité de fin de contrat incluse)	691 €	
Charges patronales (estimées à 45 % de la rémunération totale brutes sur 4 mois)	3 419 €	
Coût total	**11 018 €**	**13 188 €**

Données www.legisocial.fr

13 Complétez le schéma avec le nom des parties présentes dans un CTT.

14 Indiquez les similitudes et les différences entre le CDD et le CTT.

....

....

....

....

....

Et vous ?
De quels contrats de travail bénéficient vos collègues de PFMP ?

15 Indiquez les avantages et les inconvénients de ces deux contrats pour Samuel Rauel.

....

....

16 Quelle solution proposez-vous à Samuel Rauel pour vous remplacer ? Justifiez.

....

....

Je fais le point

Podcast
www.lienmini.fr/ed31007podcast14

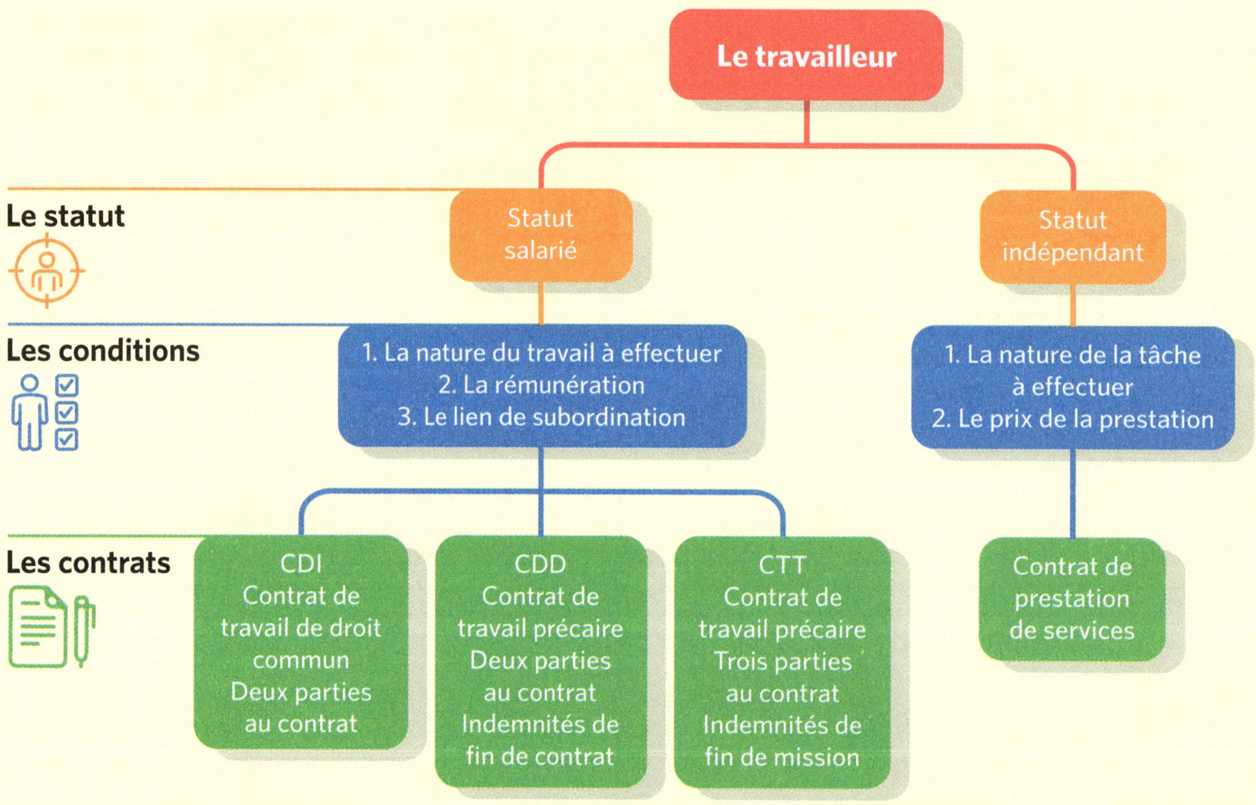

Mes missions

Mission 2 Différencier les statuts de salarié et d'indépendant

Samuel Rauel ne souhaite plus embaucher de salarié pour vous remplacer. Il comprend parfaitement que vous souhaitiez démarrer votre activité de coach sportif. C'est pour cette raison qu'il vous demande d'étudier ces deux statuts (salarié et indépendant), et notamment les droits et les obligations de chacun. Aussi, il vous demande de réfléchir au statut d'indépendant, tout en restant salarié afin de sécuriser votre nouvelle activité.

ACTIVITÉ 1 Quels sont les droits et les obligations du salarié et du travailleur indépendant ?

DÉFINITIONS

Salarié : personne physique liée à un employeur par la conclusion d'un contrat de travail et par une relation de subordination permanente.

Travailleur indépendant / non salarié : entrepreneurs individuels, artisans, commerçants, travailleurs relevant d'une profession libérale… Le travailleur indépendant travaille à son compte pour différentes entreprises.

Contrat de travail	Contrat de prestation de services
Statut salarié	Statut indépendant

COMPRENDRE Les différentes modalités de relation de travail et les différents types de contrat induisent des **statuts différents** (salariés et indépendants) qui génèrent des **droits et obligations différents**.

DOC 6 Les droits et les obligations du salarié

Le statut de salarié se définit par l'existence d'un contrat de travail signé avec l'entreprise qui l'emploie. Le salarié et son employeur sont soumis aux règles qui régissent le contrat de travail et aux conventions collectives applicables au secteur professionnel concerné.

L'employeur exerce un lien de subordination sur le salarié : il peut prendre des directives, contrôler l'exécution et sanctionner les manquements à son encontre.

Droits et obligations du salarié :

- être assigné à une tâche dans le cadre de l'horaire établi ;
- obtenir un salaire correspondant au travail effectué ;
- obtenir des congés payés, voire des RTT, si nécessaire ;
- avoir l'assurance que les clauses du contrat seront respectées ;
- être représenté au sein du CSE ;
- respecter les horaires de travail déterminés par le contrat ou le règlement intérieur ;
- effectuer le travail en conformité avec les instructions des supérieurs hiérarchiques ;
- respecter l'ensemble des éléments du contrat, notamment ses clauses ;
- respecter le règlement intérieur ;
- respecter les consignes de sécurité ;
- respecter un devoir de réserve, dans le public notamment ;
- être loyal et de bonne foi avec son employeur.

Delagrave, 2022.

DOC 7 Indépendant versus salarié

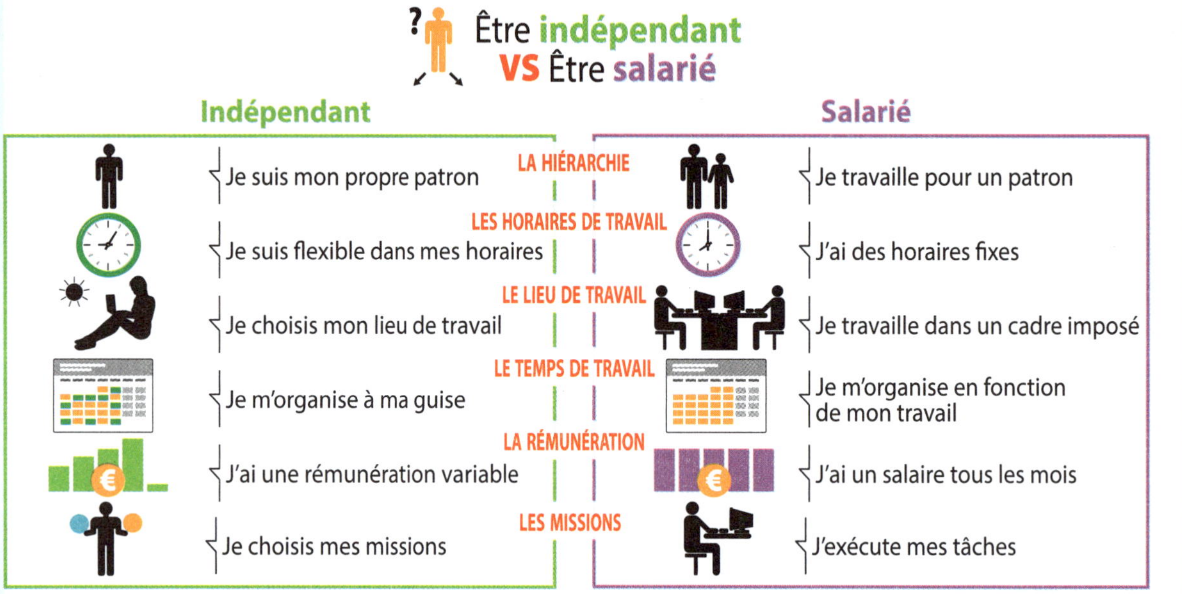

Delagrave, 2022.

COMPRENDRE Le **statut du salarié** est encadré par **trois éléments fondamentaux** : un **contrat de travail** qui fixe les obligations du salarié, la **rémunération** et des **instances de représentation** des salariés. Pour les entreprises d'au moins 11 salariés, l'ensemble des instances de représentation des salariés est remplacé par le Conseil social et économique (CSE), depuis le 1er janvier 2020. Alors que pour les entreprises de moins de 11 salariés, les salariés sont représentés par des commissions paritaires régionales (CPR).

VIDÉO
Avantages et inconvénients de l'auto-entrepreneur 0'45
www.lienmini.fr/ed31007autoentrepreneur

17 Citez un avantage du statut de salarié. Justifiez votre réponse.

....

....

18 Expliquez quel est le principal inconvénient du statut de salarié.

....

....

19 Identifiez deux avantages du statut d'indépendant qui sont le plus importants pour vous et justifiez ces avantages.

....

....

....

ACTIVITÉ 2 La combinaison des statuts de salarié et d'indépendant : l'avenir de la relation de travail ?

DOC 8 Emploi salarié et non salarié par activité

Emploi salarié et non salarié

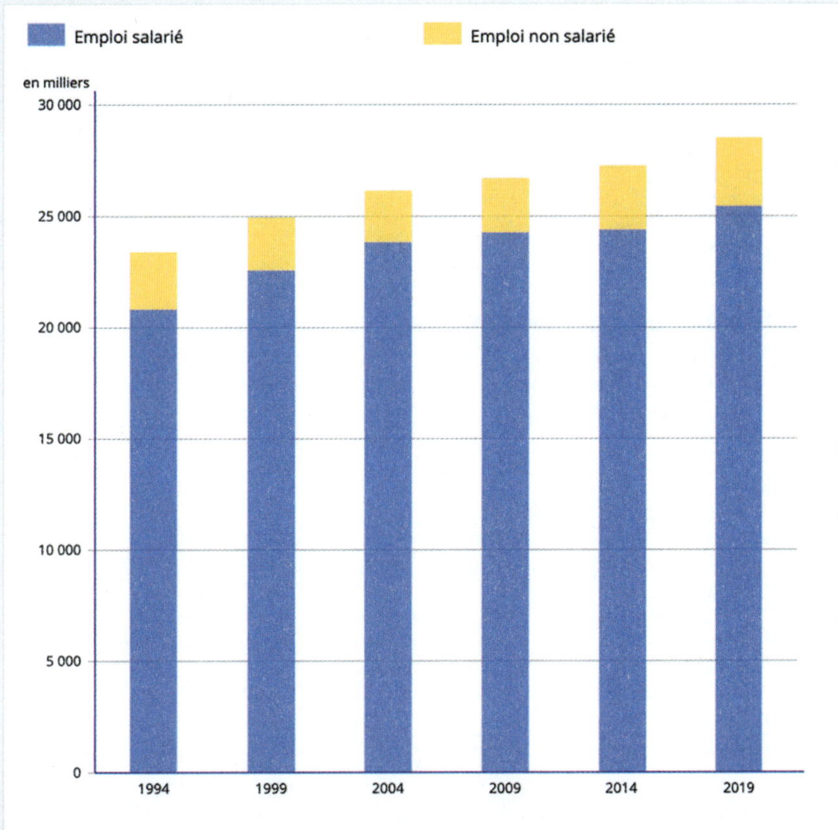

Note : pour chaque année, l'emploi est mesuré en fin d'année, c'est-à-dire lors de la dernière semaine de décembre.

Lecture : fin 2019, 25 447 600 personnes occupent un emploi salarié et 3 062 100 personnes occupent un emploi non salarié.

Champ : France hors Mayotte, au lieu de travail ; données brutes.

Source : Insee, estimations d'emploi.

Insee, données annuelles de 1989 à 2019.

VIDÉO

L'avenir du salariat et du travail indépendant, c'est l'hybridation 3'50.

www.lienmini.fr/ed31007hybride

Et vous ?

À la fin de votre formation, sous quel statut souhaitez-vous exercer ?

20 Commentez l'évolution des emplois non salariés d'après le DOC. 8.

....

....

21 Identifiez le statut le plus représenté en France.

....

22 En vous appuyant sur la vidéo, indiquez quelle forme d'entreprise est choisie majoritairement par les travailleurs indépendants.

....

23 Définissez l'expression « hybridation des statuts ».

....

DOC 9 Des députés veulent assouplir les conditions de l'allocation des travailleurs indépendants

Une **allocation-chômage** « de solidarité, forfaitaire et de courte durée ». Voilà comment devrait s'entendre l'**allocation des travailleurs indépendants (ATI)**, selon un rapport parlementaire publié le 26 avril. Ce dispositif, mis en place en novembre 2019, est qualifié d' « **hybride** » et de « fatalement **bancal** » par les députés de la commission des affaires sociales, puisqu'il relève du régime d'assurance chômage – avec une inscription à Pôle Emploi et des conditions d'accès restrictives – mais sans versement de cotisations en vue d'un revenu de remplacement. « Le but de l'ATI est bien le rebond d'un non-salarié devenu demandeur d'emploi qui se trouve sans ressources ou presque », est-il souligné. Conséquence de cette « construction erronée » : <u>l'ATI a bénéficié à seulement 911 travailleurs indépendants au 26 février 2021</u> (chiffres de Pôle Emploi).

Matthieu Barry, 5 mai 2021, www.netpme.fr

24 Décrivez l'avantage de l'ATI pour un travailleur indépendant.

....

....

25 Expliquez la phrase soulignée.

....

....

26 Après l'étude de tous les documents, vous avez pris la décision de devenir coach sportif avec un statut d'indépendant. Argumentez votre décision.

Je fais le point

Podcast
www.lienmini.fr/ed31007podcast15

Les statuts pour une relation de travail

Le statut de salarié		Le statut d'indépendant	
DROITS	OBLIGATIONS	DROITS	OBLIGATIONS
• Être assigné à une tâche • Obtenir un salaire correspondant au travail effectué • Obtenir une contrepartie aux heures supplémentaires • Obtenir des congés payés • L'assurance que les clauses du contrat seront respectées • Avoir un contrat qui respecte le Code du travail et la convention collective • Bénéficier d'une couverture sociale	• Respecter les horaires de travail • Effectuer le travail en conformité avec les instructions données par les supérieurs hiérarchiques • Respecter l'ensemble des éléments du contrats, notamment ses clauses • Respecter un devoir de réserve, dans le public notamment	• Exercer une activité professionnelle pour son compte • Encaisser les bénéfices • Organiser son travail de façon autonome • Choisir ses missions et ses clients	• Conseiller et accompagner son client • Exécuter les travaux prévus dans le contrat • Tenir une comptabilité • Respecter le droit commercial • Respecter le droit de la consommation

À moi de jouer !

Testez-vous !
Quels statuts possibles pour une relation de travail ?
www.lienmini.fr/ed31007exo07

1 | Identifier les caractéristiques des contrats

Reliez chaque caractéristique listée aux contrats proposés.

- CDI
- CDD
- CTT

- Deux parties au contrat
- Indemnités de fin de contrat
- Lien de subordination
- Indemnités de fin de mission
- Trois parties au contrat
- Indemnités de congés payés

2 | Distinguer les différents types de contrat

Parmi la liste proposée ci-dessous, surlignez l'intrus puis justifiez votre réponse.

1. CDI
2. Contrat d'apprentissage
3. CDD
4. Contrat de prestation de services
5. Contrat de professionnalisation
6. CTT

Justification : ....

....

3 | Comparer deux types de contrat

À l'aide de vos connaissances et de recherches sur Internet, listez les avantages et les inconvénients pour une entreprise du CDI et du CDD.

CDI		CDD	
Avantages	Inconvénients	Avantages	Inconvénients

4 | Choisir le statut le plus pertinent en fonction d'une situation donnée

Pour chaque situation présentée ci-dessous, indiquez le statut qui vous semble le plus approprié.

Cas	Statut de salarié	Statut d'indépendant
Marie est salariée depuis six ans dans une banque et elle souhaite devenir naturopathe.		
Farah souhaite avoir une activité qui lui permette de s'organiser sans rendre de comptes à quiconque.		
Pierre vient d'obtenir son Bac pro et il souhaite poursuivre ses études en BTS.		
Yoli souhaite changer d'activité, mais elle souhaite aussi acheter un appartement dans les trois mois à venir.		
Charlie souhaite donner des cours particuliers de mathématiques, mais elle doit pouvoir gérer son temps comme elle le souhaite.		

5 | Analyser une image

☛ Rabat 4

1. Que signifie l'affirmation du personnage masculin ?

....

....

....

....

2. Quel est l'objectif poursuivi par l'Union des auto-entrepreneurs et des travailleurs indépendants à travers ce dessin humoristique ?

....

....

....

....

....

BILAN

CHAPITRE 7

Sketchnote
www.lienmini.fr/ed31007synth07

Quels statuts possibles pour une relation de travail ?

Une relation de travail est formalisée par un contrat

- **Contrat de travail (CDI, CDD, CTT)**
  - **Caractéristiques :**
    - Lien de subordination
    - Contrat fixant la rémunération
    - Instance de représentation des salariés
  - entraîne un statut de salarié
    - **Droits :** être assigné à une tâche dans le cadre de l'horaire établi, salaire correspondant au travail effectué, contrepartie pour les heures supplémentaires, congés payés et RTT, protection du Code du travail et de la convention collective, couverture sociale, voire mutuelle
    - **Obligations :** respecter les horaires de travail, les instructions données par les supérieurs hiérarchiques, l'ensemble des éléments du contrat, le règlement intérieur, les consignes de sécurité, un devoir de réserve (dans le public notamment), être loyal et de bonne foi avec son employeur

- **Contrat de prestation de services**
  - **Caractéristiques :**
    - Pas de lien de subordination
    - Rémunération négociée entre les parties
  - entraîne un statut d'indépendant
    - **Droits :** exercice d'une activité professionnelle pour son compte, encaissement des bénéfices, organisation autonome de son travail
    - **Obligations :** tenir une comptabilité, respecter le droit commercial et le droit de la consommation

Les mots du droit

- **CDD :** contrat à durée déterminée. Par définition, son terme est connu dès la signature du contrat. Il n'est possible que pour l'exécution d'une tâche précise et temporaire, et seulement dans les cas énumérés par la loi.
- **CDI :** contrat à durée indéterminée. Par définition, il ne prévoit pas la date à laquelle il prend fin.
- **Contrat de travail :** existe dès lors qu'une personne (le salarié) s'engage à travailler, moyennant rémunération, pour le compte et sous les ordres et le contrôle d'une autre personne (l'employeur), créant ainsi un lien de subordination.
- **Contrat de prestation de services :** convention conclue entre deux parties, un prestataire et son client, et qui fait naître entre eux des droits et obligations.
- **CTT :** contrat de travail temporaire. Le salarié sous contrat de travail temporaire, appelé intérimaire, est embauché et rémunéré par une entreprise de travail temporaire qui le met à disposition d'une entreprise utilisatrice pour une durée limitée.
- **Lien de subordination :** l'employeur a le pouvoir de donner des ordres à son employé, d'en contrôler l'exécution et d'en sanctionner la mauvaise exécution.
- **Statut salarié :** le salarié se définit comme une personne physique liée à un employeur par la conclusion d'un contrat de travail et par une relation de subordination permanente.
- **Statut indépendant :** le travailleur indépendant est lié par un contrat de prestation de services avec l'entreprise ou la personne pour laquelle il exécute sa mission.

Je construis mon cours

Résumez les idées essentielles une fois chaque mission effectuée.

Mission 1 Repérer et distinguer les différents contrats dans une relation de travail

Mission 2 Différencier les statuts de salarié et d'indépendant

JE RÉPONDS À LA MISE EN SITUATION PROFESSIONNELLE

Vous venez d'analyser l'ensemble des documents pour Samuel Rauel. Il souhaite que vous répondiez à sa demande d'effectuer une analyse documentaire sur les différentes relations de travail et de synthétiser toutes les informations recueillies sous la forme d'un mémo.

Dans ce mémo, vous devez identifier :

- les différences entre le statut de salarié et d'indépendant ;
- les différents contrats de travail ;
- les droits et les obligations de l'employeur.

Méthode Résumer un texte 7

Je comprends la méthode

DOC 1 Qu'est-ce qu'un auto-entrepreneur (ou micro-entrepreneur) ?

Un **auto-entrepreneur** (ou **micro-entrepreneur**) est un entrepreneur individuel bénéficiant d'un régime social et fiscal simplifié (sur option).

Le **statut de micro-entrepreneur** permet d'exercer une activité commerciale, artisanale ou libérale indépendante, à titre principal ou complémentaire, dans le respect de certains seuils de chiffre d'affaires. Le portail en ligne autoentrepreneur.urssaf.fr permet d'effectuer la plupart les démarches légales : déclaration de chiffre d'affaires, paiement des cotisations, déclaration de modification de situation ou de cessation d'activité, etc. L'**auto-entrepreneur** est un entrepreneur individuel, personne physique, exerçant une activité indépendante de type commerciale, artisanale ou libérale (hors activités exclues : agents immobiliers, professions juridiques et judiciaires, location d'immeubles non meublés ou professionnels, etc.). Le **statut de micro-entrepreneur** est ouvert à tous : demandeurs d'emploi, salariés, fonctionnaires, retraités, étudiants (excepté les personnes en arrêt de travail, congé maternité, paternité et parental, assurés déjà soumis au Régime général de la Sécurité sociale sous le statut de travailleur indépendant, etc.). [...]

Depuis le 1er janvier 2016, il n'y a plus de **différence entre** le régime de **l'auto-entrepreneur** et celui de la **micro-entreprise**. Désormais, **auto-entrepreneur** et **micro-entrepreneur** sont tous deux désignés juridiquement sous l'appellation « **micro-entrepreneur** ». Toutefois, l'appellation « auto-entrepreneur » demeure majoritaire ment employée.

www.previssima.fr, 11 février 2021.

Étape 1 Comprendre et analyser un texte

- Lisez le texte une première fois et surlignez le titre, la source et la date.
- Cochez la réponse la plus appropriée au thème général du texte :

○ Le rôle du micro-entrepreneur ○ Le statut d'un micro-entrepreneur

☐ J'ai validé l'étape 1

Étape 2 Rassembler les informations

- Retrouvez et replacez les structures du texte dans la colonne de gauche : Le statut de l'auto-entrepreneur – L'introduction – La différence entre l'auto-entrepreneur et le micro-entrepreneur
- Rayez les références peu importantes pour ne garder que l'essentiel.

☐ J'ai validé l'étape 2

Étape 3 Rédiger le résumé

- Rédigez une courte introduction pour annoncer l'idée principale : ....

....

- Construisez le résumé sans paraphraser. Vous pouvez utiliser la technique de questionnement : Qui, quand, comment, pourquoi.

....

....

....

....

....

- Relisez votre texte pour corriger les fautes d'orthographe.

☐ J'ai validé la méthode

J'applique la méthode ☛ Rabat 3

DOC 2 Les droits du salarié lors d'un déménagement d'une entreprise

Vous prévoyez de déménager votre entreprise ? Sachez que cette décision aura des conséquences plus ou moins importantes sur la vie professionnelle et personnelle de vos salariés. Dans certains cas, ces derniers peuvent même s'opposer à votre projet. En effet, les salariés d'une entreprise ont leur mot à dire lorsque cette dernière décide de s'implanter ailleurs. Mais dans ce cas, quels sont les droits du salarié lors d'un déménagement d'entreprise ? [...]

Les droits des salariés au cours du déménagement de l'entreprise

La clause de mobilité

La clause de mobilité est une disposition prévue dans le contrat de travail qui indique que le salarié accepte que son lieu de travail puisse être modifié. Les salariés dont le contrat de travail prévoit une clause de mobilité n'ont donc d'autre choix que d'accepter le déménagement sans qu'aucune procédure particulière ne soit nécessaire. [...]

Le secteur géographique

Pour ceux dont le contrat ne prévoit pas de clause de mobilité, les droits du salarié lors d'un déménagement d'entreprise sont différents. La situation différera suivant le secteur géographique :

- Si vous déménagez votre entreprise dans le même secteur géographique que celui prévu dans le contrat de travail, il est inutile de demander l'accord du salarié. Ce dernier ne peut pas refuser le changement de lieu, autrement, il s'expose à un risque de licenciement pour motif personnel ;
- Si vous implantez votre entreprise dans un autre secteur géographique, vous devrez proposer à vos salariés une modification de leur contrat de travail ;
- Si le déménagement est motivé par une raison économique, vous pouvez envoyer une modification du contrat de travail par lettre recommandée. Si le salarié ne donne pas de réponse dans le délai d'un mois, la modification est considérée comme acceptée.

i-2t.com, 16 mars 2021.

Les étapes à suivre

1. Comprendre et analyser un texte
2. Rassembler les informations
3. Rédiger le résumé

....

....

....

....

....

....

....

....

Vers le BAC

7

Quels statuts possibles pour une relation de travail ?

MISE EN SITUATION

Vous réalisez votre période de formation au sein de l'entreprise IS Design qui commercialise des meubles de créateurs dans sa boutique et sur Internet. Mme Harlot, la directrice, a pour objectif de déployer son activité à l'étranger, notamment en investissant le marché japonais. Cela induit que certains employés vont devoir modifier leurs horaires et habitudes au bureau. Mme Harlot vous demande de travailler sur les conséquences des changements de rythmes de travail et de répondre à la question :

Comment les nouveaux rythmes de travail impactent-ils les salariés et les entreprises ?

Partie 1 Exploitation des documents

Afin de préparer l'étude demandée par Mme Harlot, étudiez les documents 1 à 3 et répondez aux questions suivantes.

1. À l'aide de vos connaissances, repérez les idées principales des DOCS. 1 ET 2, en recopiant le tableau de l'annexe 1 p. 165.

2. À l'aide des documents et de vos connaissances, répondez sur votre copie aux questions suivantes :

2.1. Comment peut-on définir un rythme de travail ?

2.2. Quels sont les effets sur les emplois ?

3. Sur votre copie, résumez les idées principales du DOC. 3.

Partie 2 Écrit structuré

À l'aide de vos connaissances et du dossier joint, vous rédigerez une réponse structurée et argumentée (en suivant le plan proposé ci-dessous) à la question posée par Mme Harlot :

Comment les nouveaux rythmes de travail impactent-ils les salariés et les entreprises ?

Dans une introduction, présenter la problématique, expliciter ses concepts essentiels et annoncer le plan.

1. Les caractéristiques des nouveaux rythmes de travail

a. Les rythmes de travail modifiés

b. Les adaptations nécessaires

2. L'impact sur les salariés et les entreprises

a. Avantages et inconvénients pour les salariés

b. Avantages et inconvénients pour les entreprises

Dans une conclusion, vous répondrez de manière synthétique à la problématique.

DOSSIER DOCUMENTAIRE

DOC 1 Le rythme de travail idéal

Il est loin le temps du rythme traditionnel "3 × 8" (8 heures de sommeil, 8 heures de travail, 8 heures de loisirs...) [...]. Le monde du travail actuel est confronté à de nouveaux types d'organisation du travail. Ainsi, de nouveaux usages ont été créés. Majoritairement, c'est une bonne chose, car cela a permis de mettre en place des organisations plus libres, plus flexibles, affranchies des vieux codes. [...]

Le monde professionnel tend globalement à se « startupiser ». Le fonctionnement interne des startups est souvent novateur [...]. Les collaborateurs sont invités à faire preuve de flexibilité et dépasser le cadre conventionnel imposé par les entreprises traditionnelles. Ainsi, un cadre flexible dans les horaires de travail ou une absence de frontières claires entre les jours travaillés et les week-ends sont des phénomènes de plus en plus courants en France. En échange, les employés sont relativement libres : pas de pointage, pas de temps passé imposé à réaliser des tâches précises... Les pauses déjeuners sont plus souples, les retards, empêchements et obligations extérieures tolérés, voire même facilités.

blog.hub-grade.com, 10 novembre 2020.

DOC 2 Le travail de plus en plus intensif

www.edenred.fr

DOC 3 Télétravail : des salariés surchargés et épuisés, spécialement chez la Gen Z

Le télétravail a rendu les salariés plus efficaces. En France, leur productivité a augmenté de 22 %. Mais la charge de travail aussi. Parmi les plus touchés, la Gen Z, avec de jeunes salariés susceptibles d'être isolés et de moins se sentir intégrés dans leur entreprise.

Près de 54 % des travailleurs se disent surchargés depuis le début de la pandémie de Covid-19 [...] Et l'épuisement professionnel se fait de plus en plus ressentir. C'est le cas à 39 % d'entre eux qui se disent épuisés par la charge de travail et le cloisonnement presque inexistant entre vie professionnelle et vie intime.

Les plus touchés ? Principalement, les célibataires, les nouveaux employés (moins d'un an dans la boîte), les travailleurs en première ligne et la Gen Z. [...] Il faut dire que l'intensité du travail n'a cessé d'augmenter depuis un an avec beaucoup de réunions et appels professionnels non programmés (62 %). [...]

La génération Z (18-25 ans) est particulièrement touchée par la crise. Commencer un nouvel emploi dans cette période rend plus vulnérable à la surcharge de travail et à l'isolement. [...] Difficile aussi pour eux de se sentir impliqués dans l'entreprise. Ils semblent, plus que les autres générations, manquer d'enthousiasme à aller travailler [...]. « Sans les conversations dans les couloirs, les rencontres fortuites et les petites discussions autour d'un café, il est difficile de se sentir lié même à mon équipe immédiate, et encore moins d'établir des liens significatifs dans toute l'entreprise », explique Hannah McConnaughey, responsable du marketing produit chez Microsoft.

www.msn.com, 25 mars 2021.

8 Pourquoi se former tout au long de la vie ?

Droit

Capacités

- Repérer les enjeux de la formation tout au long de la vie, pour l'individu et pour l'entreprise.
- Identifier les possibilités de modalités de formation.

Notions abordées

- Compétences, qualifications
- Compte personnel de formation
- Formation tout au long de la vie
- Formation initiale, continue
- VAE, contrats d'apprentissage, de professionnalisation
- E-learning

SITUATION PROFESSIONNELLE

Vous allez obtenir votre baccalauréat cette année et intégrer le monde du travail. Votre formation initiale vous a permis d'acquérir des compétences professionnelles en lien avec un métier. Cependant, durant votre future vie professionnelle, vous serez amené(e) à vous former pour maintenir votre employabilité ou répondre aux besoins des entreprises, changer de métier, valider des acquis de l'expérience... Pour vous permettre d'assimiler tout cela, vous serez amené(e) à construire une infographie qui vous permettra de présenter à vos camarades l'intérêt de se former tout au long de sa vie professionnelle.

VIDÉO

L'apprentissage tout au long de la vie 3'06
www.lienmini.fr/ed31007org

Je découvre la question

Pourquoi : terme interrogatif qui peut se traduire par « pour quelles raisons, pour quels objectifs ».

Pourquoi se former tout au long de la vie ?

Se former : acquérir de l'expérience, des connaissances, une formation.

Formation tout au long de la vie (FTLV) : activités d'apprentissage entreprises au cours de la vie dans le but d'améliorer des connaissances, des aptitudes et des compétences dans des domaines personnels, civiques, sociaux ou liés à l'emploi.

Reformulation de la problématique

Pour quelles raisons est-il important d'acquérir de l'expérience tout au long de la vie professionnelle ?

Et vous ?

Pensez-vous important d'être formé(e) actuellement et tout au long de votre vie professionnelle ? Pourquoi ?

Mes missions

Mission 1 Repérer les enjeux de la formation tout au long de la vie pour l'individu et pour l'entreprise

Mission 2 Identifier les possibilités de modalités de formation

Mes missions

Mission 1 Repérer les enjeux de la formation tout au long de la vie pour l'individu et pour l'entreprise

Pour vous permettre de bien comprendre les enjeux de la formation tout au long de la vie, il est nécessaire, dans un premier temps, de définir ce qu'est cette formation.

ACTIVITÉ 1 Qu'est-ce que la formation tout au long de la vie ?

DOC 1 Le droit à la formation tout au long de la vie

Issu de la loi de 1971, le concept de **« formation professionnelle tout au long de la vie » (FTLV)** est un objet non encore clairement identifié. La formation ne se fait pas une fois pour toutes à l'école et ne se réduit pas strictement aux seuls acquis de l'expérience professionnelle ni à ceux de la formation continue. La vie elle-même est porteuse de formation. Ceci a des conséquences structurelles fondamentales. En effet, la FTLV se fonde sur le principe d'**acquisition en continu** dans l'espace des savoirs et des compétences, avec un **réinvestissement** qui permet à l'individu d'être aussi **acteur de son devenir** et de son implication dans la cité.

Delagrave, 2022.

(DÉFINITIONS)

Compétence : savoirs (connaissances), savoir-faire (pratiques) et savoir-être (comportements relationnels) mis en œuvre pour travailler.

Qualification professionnelle : capacité d'une personne à exercer un métier ou un poste déterminé.

COMPRENDRE Le Code du travail instaure une **obligation de formation incombant à l'employeur.** L'article L6321-1 du Code du travail précise que « l'employeur assure l'adaptation des salariés à leur poste de travail. Il veille au maintien de leur capacité à occuper un emploi, au regard notamment de l'évolution des emplois, des technologies et des organisations. Il peut proposer des formations qui participent au développement des compétences, ainsi qu'à la lutte contre l'illettrisme ».

1 Définissez avec vos mots la FTLV.

....

....

2 Expliquez, pour les deux dessins, les idées présentées par les auteurs. ☛ Rabat 4

Idée de l'auteur : ....

Idée de l'auteur : ....

DOC 2 Formation initiale et formation continue

La formation initiale, pour les étudiants

Pouvant également être considérée comme la formation de base, la formation initiale est celle obtenue au terme d'un cycle d'études. En clair, il s'agit de la finalité d'une scolarité. Elle comporte l'apprentissage de plusieurs disciplines, comme la culture générale, la spécialité, la formation pratique et théorique à l'emploi. En principe, la formation initiale s'adresse à ceux et celles n'ayant pas encore d'expérience professionnelle.

Après la formation initiale, l'individu va continuer avec une formation continue afin d'acquérir des compétences pouvant l'aider à mieux exercer son travail.

La formation continue, pour les professionnels

Contrairement à la formation initiale, l'apprentissage continu s'adresse spécialement aux professionnels. Il s'agit en réalité du cursus de formation qu'une personne souhaitera suivre à la fin de la formation initiale. [...] Durant les formations continues, les travailleurs pourront continuer à se former et à acquérir de nouvelles compétences [ou encore] envisager une reconversion professionnelle [...].

www.formation-professionnelle.pro

DOC 3 Différences entre formatjon initiale et formation continue

En pratique, les formations initiale et continue n'ont pas le même prix. Des formations initiales gratuites existent : ce n'est pas le cas pour les formations continues, qui peuvent cependant être financées par des organismes (entreprise, pôle emploi) ou payées grâce au compte personnel de formation (CPF).

L'**organisation diffère également**, avec des cours plutôt le soir et le weekend, en dehors du temps de travail, pour la formation continue.

Delagrave, 2022.

Et vous ?

Connaissez-vous, dans votre entourage, des personnes ayant suivi une formation durant leur vie professionnelle ?

3 Complétez le tableau suivant à l'aide des DOCS **2** ET **3**.

	Formation initiale	Formation continue
Avantages	....	....
Définitions	....	....

ACTIVITÉ 2 Quels sont les enjeux pour l'individu et pour l'entreprise de la FTLV ?

Maintenant que vous savez ce qu'est la FTLV, nous allons étudier ses enjeux dans un contexte de mutations du travail importantes.

COMPRENDRE **Face aux mutations** actuelles du monde de l'entreprise, notamment la **transition numérique**, les professionnels ont tous besoin de **s'adapter** en permanence **pour rester performants**. Et pour s'adapter, il faut se former afin d'actualiser ses compétences et d'en acquérir de nouvelles. Cela permet aux salariés de **maintenir leur employabilité** et aux entreprises d'avoir des **salariés performants**.

DOC 4 Les enjeux de la formation tout au long de la vie

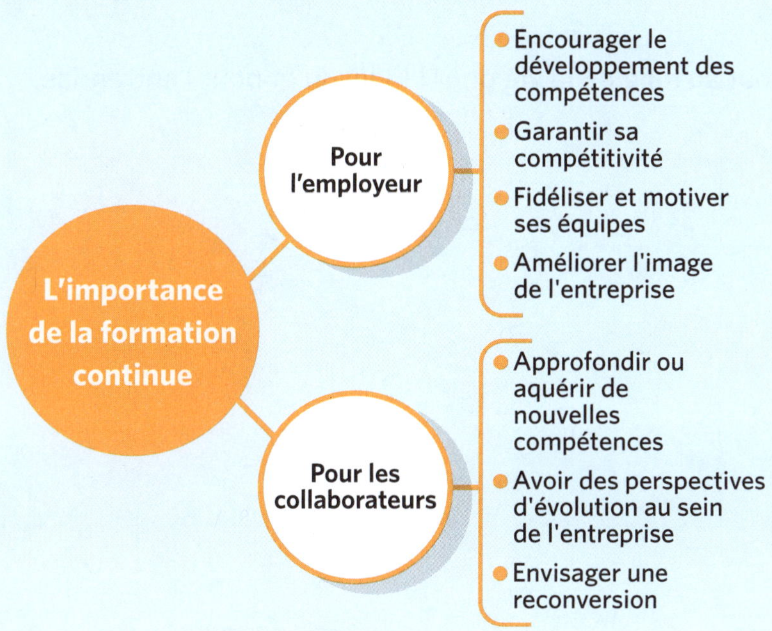

Les **enjeux** sont d'importance : il s'agit de **favoriser les parcours de formation**. En formation initiale, dans l'enseignement secondaire ou supérieur, il faudra renoncer aux filières de formation étanches ainsi qu'aux examens couperets sanctionnés par le « tout ou rien » et privilégier l'acquisition modulable et progressive afin de mieux articuler les possibilités de retour en formation continue sans repasser par la case départ. Mettre en œuvre un véritable droit à une « formation différée » [...], pour tous ceux qui ont été laissés au bord du chemin par l'institution.

Claude Azéma, André Gouron, www.humanite.fr

4 Expliquez la phrase soulignée dans le DOC. 4.

....

....

....

....

DOC 5 Les enjeux de la formation professionnelle

La formation professionnelle concerne aussi bien les **salariés** d'entreprise que les **demandeurs d'emploi**. Elle intervient à deux niveaux.

Dans un premier temps, elle permet de faciliter l'intégration des nouveaux employés dans leur cadre de travail.

Et dans un deuxième temps, elle offre aux salariés de l'entreprise une possibilité de s'**adapter** au développement des organismes et la chance de **perfectionner** leur approche professionnelle.

www.petite-entreprise.net

Mission 1 Repérer les enjeux de la formation tout au long de la vie pour l'individu et pour l'entreprise

DOC 6 Pourquoi suivre une formation ?

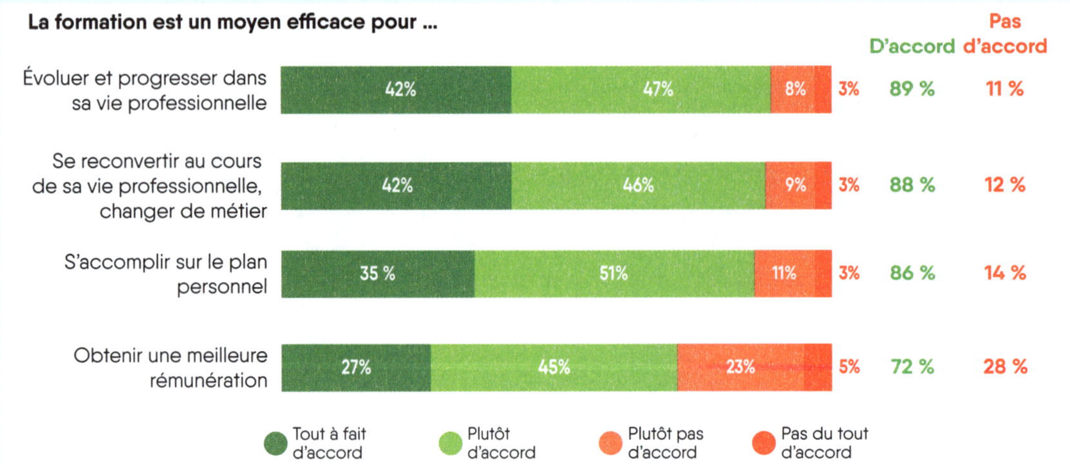

D'après l'étude « Les Français et les enjeux de la formation » du Cnam et Harris Interactive, mai 2019.

5 Retrouvez les enjeux de la formation tout au long de la vie pour l'individu et pour l'entreprise.

Pour l'individu	Pour l'entreprise
....	....
....	....
....	....
....	....
....	....
....	....
....	....

Je fais le point

Podcast www.lienmini.fr/ed31007podcast16

La formation tout au long de la vie

Une obligation nationale (L6321-1 du Code du travail) pour répondre aux mutations du monde du travail

Les modalités de formation

- Formation initiale (école primaire, collège, lycée, université...) → Compétences nécessaires et savoirs pour exercer son métier
- Formation continue (université, organismes spécialisés, formations entre pairs...) → Acquisition de nouvelles compétences

Les enjeux de la FTLV

Pour l'individu
- Assurer son employabilité,
- Acquérir des savoir-faire et des savoir-être,
- Évoluer dans l'entreprise,
- Envisager une reconversion...

Pour l'entreprise
- Salariés qualifiés aux besoins de l'entreprise,
- Meilleure compétitivité,
- Croissance économique améliorée,
- Plein emploi...

Mes missions

Mission 2 Identifier les possibilités de modalités de formation

Après avoir identifié la FTLV, vous devez identifier les différents contrats qui existent pour se former, les modalités de formation via le compte personnel d'activité, ainsi que les possibilités de validation de compétences avec la VAE.

ACTIVITÉ 1 Les formations en alternance : quelles différences entre contrat d'apprentissage et contrat de professionnalisation ?

DOC 7 Contrat de professionnalisation et apprentissage : quelles différences ?

Dans le cadre d'une formation en alternance, le **contrat d'apprentissage** (qui relève de la formation initiale) et le **contrat de professionnalisation** (qui s'inscrit dans le cadre de la formation continue) sont 2 types de contrats de travail qui conjuguent formation théorique dans un établissement d'enseignement et formation pratique en entreprise. Ils poursuivent le même objectif de formation, mais ont des conditions d'application spécifiques. L'âge pour en bénéficier n'est pas le même. La rémunération est différente, ainsi que le coût pour l'employeur.

Dans les deux cas, embaucher un jeune en alternance, afin de lui permettre d'acquérir une formation pratique, permet à l'employeur de bénéficier dans certains cas d'une exonération de cotisations sociales.

Ces deux contrats ne s'adressent pas aux mêmes **types de personnes formées** :
- le **contrat d'apprentissage** s'adresse aux jeunes de 16 à 29 ans ;
- le **contrat de professionnalisation** concerne les jeunes âgés de 16 à 25 ans, les demandeurs d'emploi âgés de 26 ans et plus, les bénéficiaires de la prime d'activité, de l'allocation spécifique de solidarité (ASS), l'allocation adulte handicapé (AAH) ou d'un contrat unique d'insertion (CUI).

Pour le contrat d'apprentissage, des dérogations existent, notamment pour les personnes reconnues travailleur handicapé et pour les créateurs ou repreneurs d'entreprise.

RESSOURCE
Contrats de professionnalisation et d'apprentissage : quelles différences ?
www.lienmini.fr/ed31007apprentissage

Delagrave, 2022.

6 Surlignez dans le DOC. 7 les notions permettant d'identifier le contrat d'apprentissage.

7 Soulignez dans le DOC. 7 les notions permettant d'identifier le contrat de professionnalisation.

Et vous ?
En tant que futur professionnel, quelles sont les formations que vous souhaiteriez effectuer ?

ACTIVITÉ 2 Formation professionnelle : qu'est-ce que le compte personnel d'activité ?

DOC 8 Le compte personnel d'activité (CPA)

En place depuis le 1er janvier 2017, le **compte personnel d'activité** est un réceptacle de l'ensemble des droits sociaux attachés à un individu tout au long de sa vie professionnelle. Il regroupe et articule trois dispositifs.

VIDÉO
Le CPA, c'est quoi ? 1'30
www.lienmini.fr/ed31007cpa

Le compte personnel de formation (CPF)	Le compte engagement citoyen (CEC)	Le compte professionnel de prévention (C2P)
L'activité professionnelle permet un cumul d'argent déposé sur le CPF et destiné à financer n'importe quelle formation aboutissant à une certification professionnelle reconnue.	Il a pour objectif de recenser et de valoriser vos activités citoyennes, et ainsi vous permettre d'acquérir des droits à la formation.	Pour ceux qui sont exposés à des risques professionnels : - activité en milieu hyperbare ; - températures extrêmes ; - bruit ; - travail de nuit ; - travail en équipes successives alternantes ; - travail répétitif.
Pour qui ? - les jeunes de 16 ans et plus (ou les jeunes de 15 ans en apprentissage) ; - les salariés sous contrat de travail de droit privé ; - les personnes à la recherche d'un emploi ; - les personnes en contrat de sécurisation professionnelle (CSP) ; - les personnes accueillies dans un établissement et service d'aide par le travail (ESAT).	**Pour qui ?** Le CEC s'adresse à tous dès 16 ans (si les conditions sont remplies), salariés, demandeurs d'emploi, agents publics, travailleurs indépendants, étudiants, parents au foyer, retraités… et les droits acquis peuvent être utilisés même à la retraite.	**Pour qui ?** Pour les salariés en contrat de droit privé (hors salariés de particuliers employeurs) affiliés au régime général ou agricole.

Delagrave, 2022.

COMPRENDRE **France compétences** a pour mission d'assurer le financement, la régulation, le contrôle et l'évaluation du système de la formation professionnelle et de l'apprentissage. Son action promeut le développement des compétences, l'acquisition de certifications ainsi qu'une égalité d'accès à la formation professionnelle de l'ensemble des actifs.

DOC 9 La loi Avenir professionnel

La loi pour la « Liberté de choisir son avenir professionnel » du 5 septembre 2018, communément appelée « Loi Avenir », réforme en profondeur le système de formation professionnelle. […]

- Le **CPF (compte personnel de formation)** devient le seul outil de formation à l'initiative du salarié : la loi supprime le CIF, le congé de bilan de compétences et divers congés de formation.
- **Création d'une application** pour permettre au salarié de gérer le CPF.
- **Monétisation des droits :** le CPF est crédité en euros et non plus en heures.
- **Suppression des listes de formations éligibles** remplacées par des actions de formations certifiantes et qualifiantes.
- **Droits majorés** pour les salariés non qualifiés et les travailleurs handicapés. […]
- Le plan de formation devient le **plan de développement de compétences**. […]

Marie-Laure Arbrez-Nicolas, www.juritravail.com, 4 février 2019.

RESSOURCE
La loi Avenir
www.lienmini.fr/ed31007loi

DOC 10 Le compte personnel de formation (CPF)

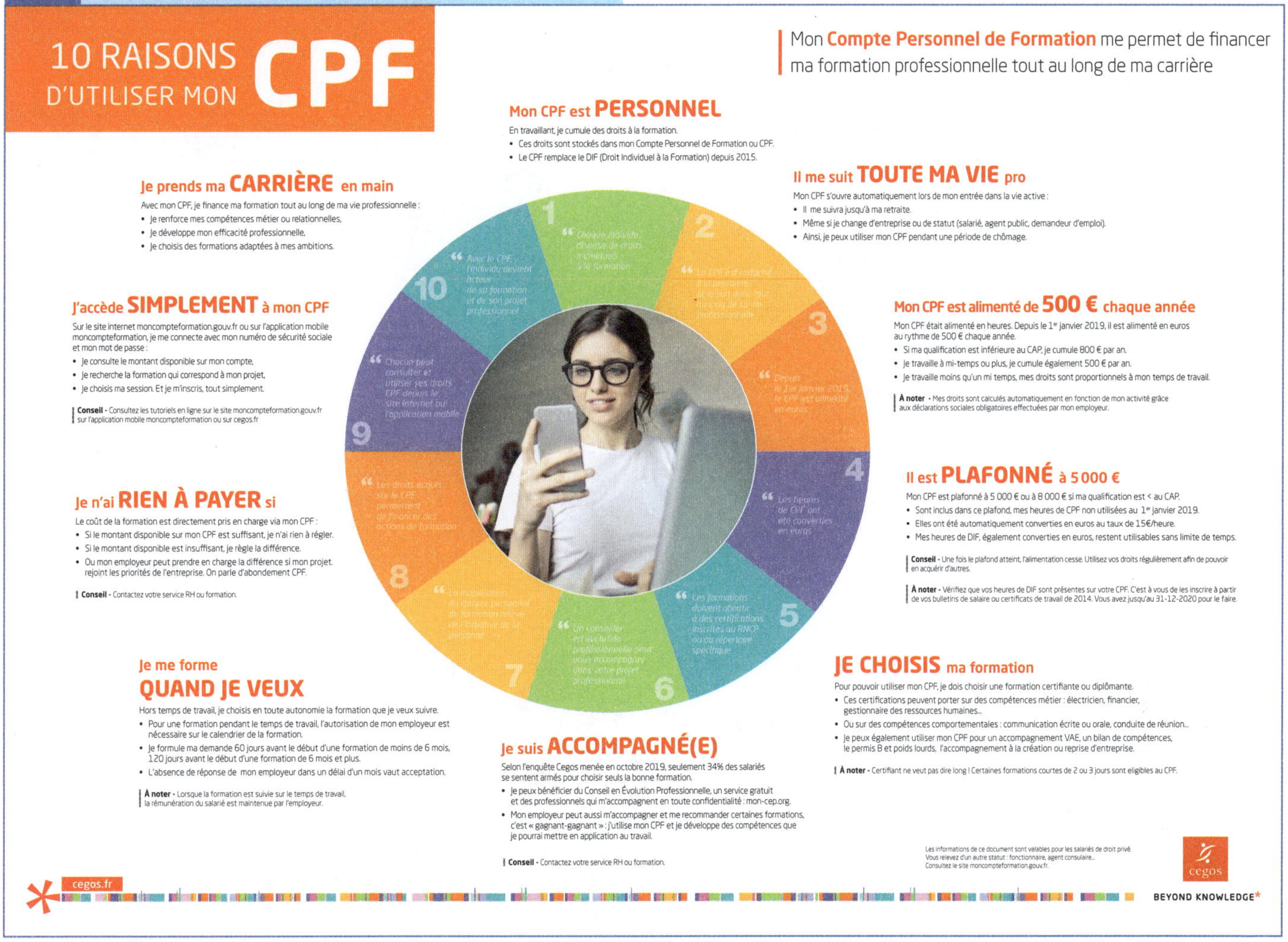

COMPRENDRE Un autre dispositif existe : le **CPF de transition professionnelle.** Il permet aux salariés souhaitant changer de métier de financer des formations certifiantes en lien avec leur projet.

8 Cochez le (ou les) dispositif(s) correspondant à chaque situation ci-dessous.

Situations	CPF	CEC	C2P
Emma, 16 ans, sapeur-pompier volontaire, effectue sa terminale professionnelle au lycée de la Mer à Bourcefranc en apprentissage.			
Paco, 24 ans, salarié dans une entreprise de terrassement du Sud-Ouest, travaille au marteau piqueur toute la journée.			
Tigran vient de prendre sa retraite de salarié dans un magasin de foot. Il se consacre désormais à l'association sportive dont il est trésorier.			
Cléa est demandeuse d'emploi dans la petite enfance.			
Jérôme, travailleur handicapé, travaille dans la restauration, dans un ESAT, à des horaires de jour.			
Patricia, aide-soignante dans un EHPAD, travaille de nuit.			

ACTIVITÉ 3 Qu'est-ce que la validation des acquis de l'expérience ?

DOC 11 La validation des acquis de l'expérience (VAE)

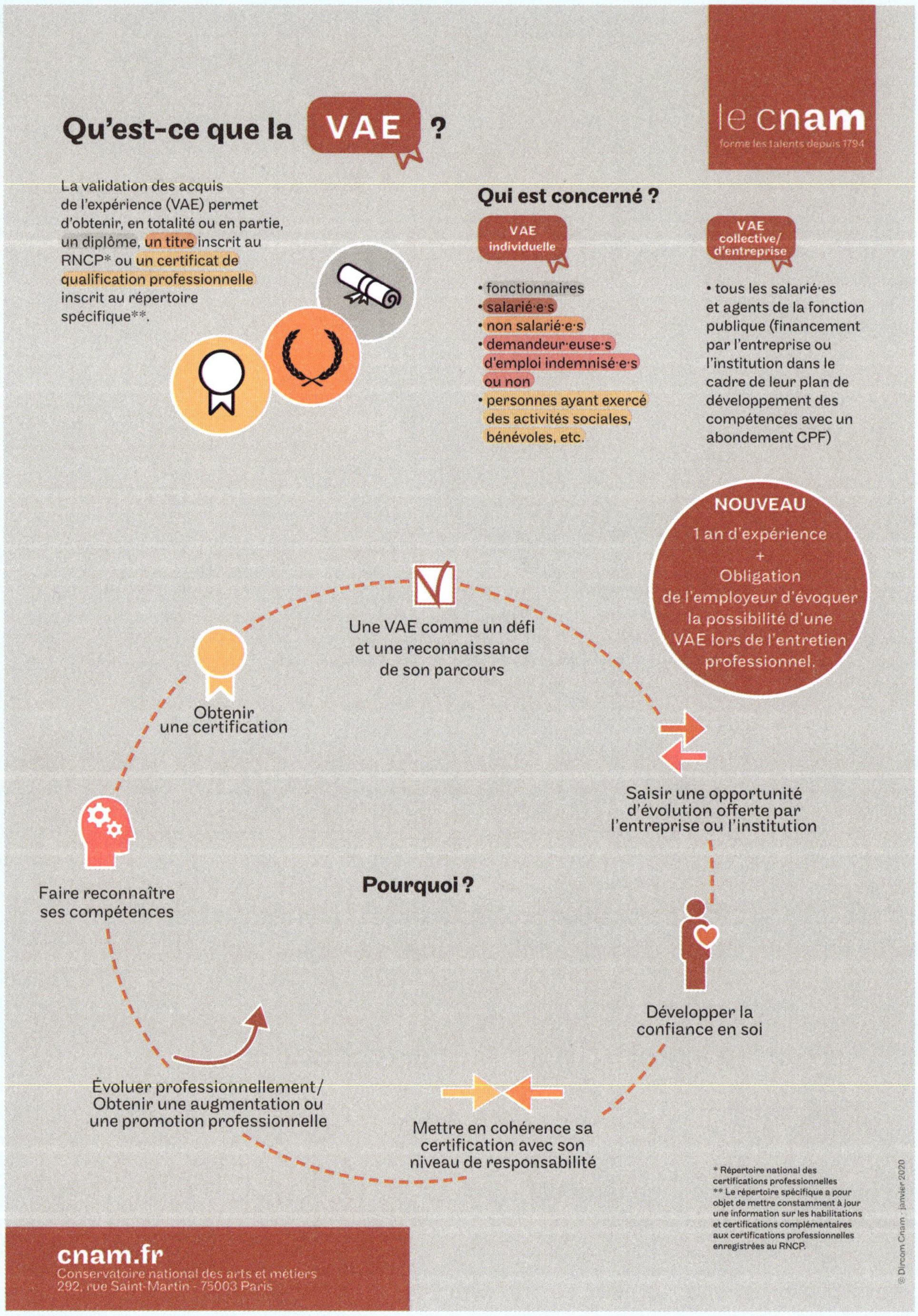

cnam.fr

DÉFINITIONS

VAE : mesure permettant à toute personne, quels que soient son âge, son niveau d'études, son statut, de faire valider les acquis de son expérience professionnelle pour obtenir un diplôme, un titre ou un certificat de qualification professionnelle.

RNCP : répertoire national de la certification professionnelle. Il permet de répertorier toutes les formations et titres certifiés par le CNCP (Commission nationale de la certification professionnelle).

VIDÉOS

Témoignages de diplômés VAE

www.lienmini.fr/ed31007vae

9 Repérez l'objectif de la VAE.

....

....

....

....

DOC 12 Les 3 étapes pour monter un dossier de demande de VAE

1. La recevabilité

Renseignements auprès d'un centre de conseil en VAE (Point Relais Conseil) le plus proche du lieu de domicile. Ces centres vous aident à analyser la pertinence de votre projet VAE, compte tenu de votre expérience, expliquent la démarche, vous aident au choix des certifications correspondant à votre expérience, vous réorientent, si besoin, vers d'autres démarches et vous informent des possibilités de financement [...].

2. L'accompagnement

Votre candidature a été déclarée recevable ? Vous pouvez bénéficier d'un accompagnement dans la préparation de votre dossier de validation et de votre entretien avec le jury, en vue de la validation des acquis de votre expérience. [...]

3. La validation

Une fois la recevabilité acquise, les étapes conduisant à la VAE sont les suivantes : constitution de votre dossier de validation, qui décrit précisément votre expérience, vos compétences mobilisées et le contexte dans lequel vos activités ont été exercées ; entretien avec un jury ; et, lorsque la procédure est prévue par l'autorité qui délivre la certification, mise en situation professionnelle réelle ou reconstituée.

travail-emploi.gouv.fr

10 Schématisez les étapes d'un dossier de demande de VAE.

ACTIVITÉ 4 Quelles sont les formations digitales ?

DOC 13 Les chiffres 2021 du *digital learning*

DÉFINITION

Digital learning : formation réalisée avec des outils numériques.

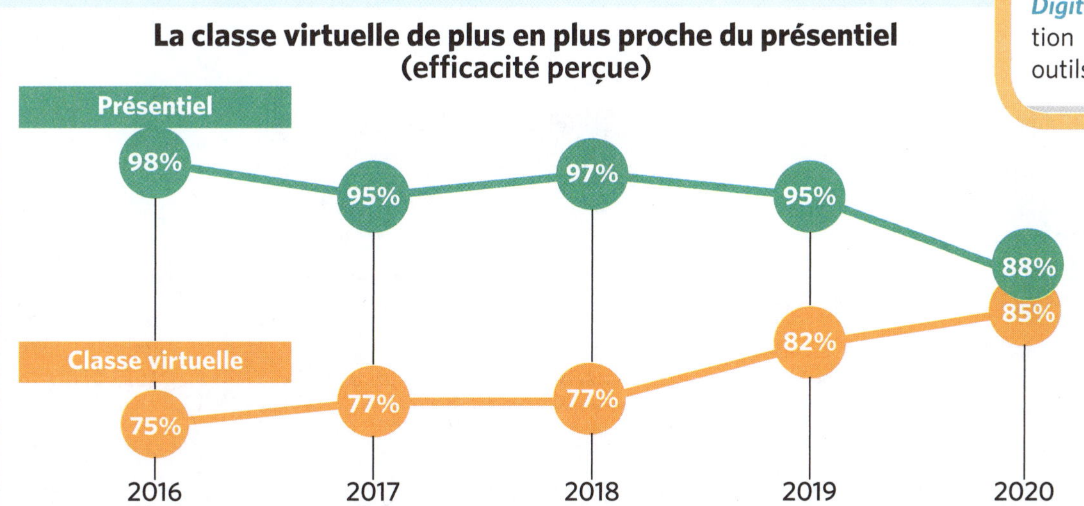

- 49 % des sondés déclarent que la crise sanitaire les a obligés à basculer leurs formations en distanciel.
- 31 % déclarent passer au *digital learning* « pour améliorer l'efficacité pédagogique des formations ».

lstf-formation.fr

DOC 14 Quelle solution digitale choisir ?

Lou, 33 ans, Comptable sur Paris

Elle aimerait se **former rapidement** sur les bases de l'analyse financière sans avoir à se déplacer pour bénéficier d'une formation. Elle privilégie les **formats courts** mais souhaite néanmoins être **accompagnée par un formateur**.

Solution →

Une classe virtuelle d'1h30 ou 2h

Les classes virtuelles vous permettent d'aborder un sujet d'une toute nouvelle façon. Vivez de nouvelles expériences d'apprentissage où vous voulez, quand vous voulez, en gardant l'interaction avec votre formateur !

Alexandra, 28 ans, Service RH

Elle souhaite proposer à **tous les services de l'entreprise** des outils pour se former de **manière ludique** afin de créer une synergie d'idées et une cohésion d'équipe pour établir le plan stratégique de l'année prochaine. Par manque de temps et souci de logistique, elle aimerait un parcours de **formation distanciel**, plus pratique et **accessible** pour tout le monde.

Solution →

MOOC

MASSIVE ONLINE OPEN COURSE

Des parcours de formation distanciels ouverts à tous qui se déroulent sur plusieurs semaines. Ils se composent d'activités pédagogiques : vidéo, quizz, exercices pratiques.

www.abilways.com

11 Expliquez l'évolution du *digital learning*.

12 Sélectionnez la solution du DOC. 14 la plus pertinente pour une formation en économie-droit.

Je fais le point

Podcast
www.lienmini.fr/ed31007podcast17

Les modalités de formation

- **En alternance**
  - Contrat d'apprentissage (formation initiale)
  - Contrat de professionnalisation (formation continue)
- **Différents dispositifs en fonction des situations**
  - Le compte personnel de formation (CPF)
  - La validation des acquis de l'expérience (VAE)
  - Le CPF de transition professionnelle
  - Autres dispositifs (C2P, CEC…)

De plus en plus sous forme de formations digitales (*digital learning*)

À moi de jouer !

Testez-vous !
Pourquoi se former tout au long de la vie ?
www.lienmini.fr/ed31007exo08

1 Identifier les types de formation

Retrouvez chaque type de formation correspondant aux situations présentées ci-dessous.

1. Brahim est en classe de Tle bac pro Métiers de l'accueil, au lycée Alfred-Nobel de Clichy-sous-Bois (93).
2. Lamia est en terminale bac pro Métiers de l'accueil également, mais en apprentissage avec le CFA du lycée Alfred-Nobel.
3. Sarah est infirmière à l'hôpital de Toulouse (31) et souhaite se spécialiser infirmière anesthésiste avec une formation de 1 an.
4. Calvin a 35 ans et travaille depuis 15 ans en tant qu'agent de sécurité. Il n'a eu qu'un BEP MRCU comme formation au lycée. Il souhaite valider un bac pro Métiers de la sécurité.
5. Clara est en 3e au collège de Mios (33) et souhaite faire une seconde générale à Biganos (33).
6. Laurent, le père de Clara, travaille comme designer dans une entreprise de matériel acoustique. Il a un BTS et souhaite reprendre ses études pour valider des compétences d'ingénieur.
7. Yan est en 4e au collège de l'Europe à Chelles (77) et souhaite s'orienter en 3e Prépa-Métiers au lycée Louis-Lumière.
8. Medhi est carrossier depuis 25 ans et a obtenu à l'époque un CAP Peinture. Il souhaite valider son CAP Carrossier et reprendre des études pour obtenir un titre de carrossier réparateur.

- Formation initiale
- Formation continue

2 Présenter une fiche pratique

Par groupe de 3 ou 4, présentez une fiche pratique sur le conseil en évolution professionnelle.

Pour préparer cette fiche, vous devrez :
- définir le conseil en évolution professionnelle ;
- présenter les avantages pour le salarié dans sa formation tout au long de la vie.

Vous pouvez utiliser un logiciel d'infographie.

3 | Connaître les modalités de formation

1. Surlignez la proposition fausse parmi les propositions ci-dessous.

a. Le compte personnel de formation permet au salarié de contrat privé de cumuler des points.
b. Le compte professionnel de prévention permet aux salariés d'être formés à la prévention en entreprise.
c. Le compte engagement citoyen est accessible dès l'âge de 16 ans.
d. On trouve le CPF, CEC et C2P dans le compte personnel d'activité.

2. Justifiez votre réponse et corrigez la proposition erronée.

....

....

4 | Maîtriser le vocabulaire professionnel

Retrouvez les notions abordées au cours de votre mission en complétant la grille ci-dessous. Vous trouverez la notion abordée dans le chapitre ainsi que les différents comptes présents dans le compte personnel d'activité.

5 | Présenter les modalités de formation continue

1. Par groupe de deux ou trois élèves, recherchez sur Internet des informations sur les métiers que vous souhaitez effectuer.
2. Construisez sur le logiciel de votre choix un schéma pour illustrer les possibilités de formation continue (VAE, titres professionnels, diplôme...) correspondantes à ces métiers.
3. Présentez votre schéma à la classe.

BILAN

CHAPITRE 8

Sketchnote
www.lienmini.fr/ed31007synth08

Pourquoi se former tout au long de la vie ?

Formation initiale
(école primaire, collège, lycée…)

- Sous statut scolaire
- En alternance (contrat d'apprentissage)

+

Formation continue
(universités, écoles, organismes spécialisés, formations entre pairs…)

- En alternance (contrat de professionnalisation)
- Via la validation des acquis de l'expérience (VAE)

Gestion assurée par le compte personnel d'activité (CPA) regroupant CPF, CEC et C2P

=

Formation tout au long de la vie
(obligation nationale)

Enjeux :
- Maintenir son employabilité, évoluer au sein de l'entreprise
- Acquérir des savoir-faire et des savoir-être
- Obtenir un diplôme
- Changer de métier
- Suivre les mutations du travail

Les mots du droit

Certification : procédure destinée à faire valider par un organisme indépendant le respect du cahier des charges d'une organisation par une entreprise.

Compétence : savoirs (connaissances), savoir-faire (pratiques) et savoir-être (comportements relationnels) mis en œuvre pour travailler.

Compte personnel de formation (CPF) : permet à toute personne, salariée ou demandeur d'emploi, de suivre une action de formation de son choix grâce à une somme d'argent cumulée tous les ans dès l'entrée dans la vie professionnelle, tout au long de sa carrière et jusqu'au départ en retraite.

E-learning : formation à distance réalisée au moyen d'Internet.

Formation continue : formation suivie par des personnes ayant terminé leurs études initiales et étant déjà diplômées.

Formation initiale : cursus au cours duquel un jeune, sous statuts scolaires et universitaires, apprend les bases d'une profession. À la fin, il dispose des compétences et savoirs nécessaires pour exercer son métier.

Formation tout au long de la vie : activités d'apprentissage entreprises au cours de la vie dans le but d'améliorer des connaissances, des aptitudes et des compétences dans des domaines personnels, civiques, sociaux ou liés à l'emploi.

Qualification professionnelle : capacité d'une personne à exercer un métier ou un poste déterminé.

VAE (validation des acquis de l'expérience) : mesure permettant à toute personne, quels que soient son âge, son niveau d'études, son statut, de faire valider les acquis de son expérience professionnelle pour obtenir un diplôme, un titre ou un certificat de qualification professionnelle.

Je construis mon cours

Résumez les idées essentielles une fois chaque mission effectuée.

Mission 1 Repérer les enjeux de la formation tout au long de la vie pour l'individu et pour l'entreprise

Mission 2 Identifier les possibilités de modalités de formation

JE RÉPONDS À LA MISE EN SITUATION PROFESSIONNELLE

Maintenant que vous avez analysé l'ensemble des documents, vous allez construire une infographie qui vous permettra de présenter à vos camarades l'intérêt d'être formé tout au long de sa vie professionnelle.

Dans cette infographie, vous devrez identifier :

- les enjeux de la formation tout au long de la vie ;
- le compte personnel de formation ;
- la formation initiale et continue ;
- les formations digitales.

Vous pouvez utiliser une application numérique ou un logiciel d'infographie.

Mon dossier bac

Sommaire

Présentation de l'épreuve d'économie-droit

Modalités d'évaluation

Modalité ? Épreuve écrite

Durée ? 2 heures

Coefficient ? 1

Le sujet porte sur une thématique donnée. Il est constitué d'une partie documentaire et d'une partie questionnement et réflexion.

L'épreuve orale de contrôle

- Préparation 15 minutes
- Interrogation 15 minutes (exposé de 5 minutes maxi + 10 minutes d'échange avec le jury)

Le candidat tire au sort un sujet composé d'une question en lien direct avec les modules 4 et 5 du programme d'économie-droit.

Ressource

5 sujets pour s'entraîner

www.lienmini.fr/ed31007controle

Structure du sujet

- Une **mise en situation** professionnelle **avec une problématique**
- **Une première partie : Exploitation des documents** (10 points)
  - Un **résumé** de 8 à 10 lignes d'un document.
  - Une **analyse** de documents (jusqu'à trois documents) : pour deux d'entre eux, le candidat doit compléter des grilles d'analyse.
  - Deux à trois **questions ouvertes** en référence avec les documents et faisant appel aux connaissances du candidat.
- **Une seconde partie : Écrit structuré** (10 points)
  - La rédaction de l'écrit structuré et argumenté prend appui sur les **documents** et sur des **situations vécues ou observées** au cours des différentes périodes de formation en entreprise.
  - En **introduction**, vous devez présenter la problématique, expliciter les concepts essentiels et annoncer le plan.
  - Le **développement** vous sera suggéré dans l'énoncé pour vous guider en deux parties.
  - Dans la **conclusion**, vous répondrez de manière synthétique à la problématique avec votre propre avis motivé par plusieurs éléments.

! Le travail demandé ne se limite pas à un simple contrôle des connaissances mais vise essentiellement à vérifier votre aptitude à exploiter et analyser des documents et à mobiliser vos connaissances pour répondre à une problématique. Vous serez donc évalué(e) sur votre capacité à mobiliser vos savoirs, à exploiter et analyser des documents, à rédiger des réponses structurées et à établir le lien entre les domaines de l'économie-droit et ceux de votre spécialité professionnelle.

! Toutes les compétences du programme ne seront pas évaluées pour un sujet donné.

! Dans tous les cas, vous devrez prendre appui sur votre formation tant en établissement de formation qu'en PFMP pour répondre aux questions posées. Les questions peuvent également concerner votre projet professionnel. Ce travail est à mener tout au long de la formation (insertion professionnelle, poursuite d'étude, création ou reprise d'entreprise).

! *Vous trouverez dans l'exemple de sujet traité des conseils annotés en vert et introduits par le pictogramme afin de vous accompagner dans la rédaction de vos réponses.*

Sujet commenté et guidé

La formation tout au long de la vie

Nous vous conseillons de lire le sujet dans son intégralité avant de répondre aux questions.

MISE EN SITUATION

La formation tout au long de la vie est un droit qui permet à tout individu de continuer à se former pour développer ses compétences, s'initier à de nouvelles techniques ou en acquérir de nouvelles. Cela est possible dès que la personne entre dans la vie active. Le Code du travail définit ainsi : « La formation professionnelle tout au long de la vie [...] vise à permettre à chaque personne, indépendamment de son statut, d'acquérir et d'actualiser des connaissances et des compétences favorisant son évolution professionnelle, ainsi que de progresser d'au moins un niveau de qualification au cours de sa vie professionnelle. »

Dénomination sociale	ÉLECTRO DÉPÔT
Année de création	2003
Forme juridique	SASU (société par actions simplifiée unipersonnelle)
Siège social	Faches-Thumesnil, France

Vous venez d'être embauché(e) au sein du magasin Électro Dépôt situé dans la ville d'Orléans. Cette enseigne est spécialisée dans la vente d'articles électroménagers, multimédias et audiovisuels sur palettes. Elle fait partie d'un réseau de 81 magasins en France. Celui d'Orléans est dirigé par M. Rollin-Léger et compte 24 employés.

Créée sous l'impulsion de la direction générale, l'Académie Électro Dépôt est un dispositif dédié à favoriser la promotion interne au sein de l'entreprise et qui propose deux cycles de formation sur le métier de directeur adjoint et celui de directeur de magasin.

Grâce à ces formations, 46 équipiers ont évolué vers une responsabilité de directeur adjoint et 17 directeurs adjoints ont évolué vers le métier de directeur de magasin.

Ce résultat plus qu'élogieux encourage M. Rollin-Léger à améliorer continuellement la formation des employés. Il vous demande de travailler sur la formation tout au long de la vie et de réaliser une étude sur ce sujet en répondant à son questionnement :

La formation tout au long de la vie :
quels enjeux et perspectives pour les entreprises et les salariés ?

Partie 1 Exploitation des documents

Afin de préparer au mieux l'étude qui vous a été confiée par M. Rollin-Léger, étudiez les DOCS. 1 À 3 et répondez aux questions suivantes.

Avant de répondre aux différentes questions, il est indispensable de comprendre tous les mots de la consigne afin de s'assurer de l'avoir bien comprise et éviter ainsi les hors sujet.

1. Sur votre copie, résumer en 8 à 10 lignes les idées principales du DOC. 1.

Ici, la consigne est précise, vous devez résumer le texte, d'où l'importance de maîtriser la méthodologie du résumé.

2. À l'aide de vos connaissances, repérer les idées principales des DOCS. 2 ET 3, en complétant le tableau de l'annexe 1.

Avant de répondre à cette question, prenez connaissance des fiches d'analyse dans l'annexe et des informations qui vous sont demandées.

3. À l'aide des documents et de vos connaissances, répondez sur votre copie aux questions suivantes :

1. Les formations proposées par un employeur font-elles partie des critères de choix des futurs employés pour intégrer une entreprise ?

2. Quel est l'impact des nouvelles formes d'organisation du travail (automatisation, télétravail, etc.) sur la formation ?

Ici, la consigne est précise, vous devez éclaircir et apporter des précisions et arguments aux questions posées en vous aidant de vos connaissances et des documents.

Partie 2 Écrit structuré

À l'aide de vos connaissances et du dossier joint, vous rédigerez une réponse structurée et argumentée (en suivant le plan proposé ci-dessous) à la question posée.

La formation tout au long de la vie : quels enjeux et perspectives pour les entreprises et les salariés ?

! Aidez-vous de vos connaissances, du travail effectué en première partie et de vos observations du monde socio-économique.

! Illustrez vos propos avec des situations vécues au cours de vos différentes périodes de formation en milieu professionnel.

! Le plan doit être apparent et indiquer clairement l'introduction, deux parties d'au moins 15 lignes chacune et la conclusion.

! N'oubliez pas que le plan doit vous permettre de répondre à la problématique !

Dans une introduction, présenter la problématique, expliciter ses concepts essentiels et annoncer le plan.

1. Les avantages de la formation tout au long de la vie pour les salariés et l'entreprise

- Les avantages pour les salariés
- Les avantages pour l'entreprise

2. Les difficultés d'accès à la formation et les solutions pour y remédier

- Les problèmes pour accéder à la formation
- Les solutions proposées pour améliorer la formation tout au long de la vie

! Notez bien les différentes parties de l'étude pour les respecter lors de la rédaction.

DOSSIER DOCUMENTAIRE

DOC 1 Comment l'entreprise doit-elle continuer à investir dans la formation de ses salariés ?

Pourquoi les entreprises doivent investir dans les formations des salariés ?

Dans un monde en perpétuelle transformation, il est essentiel de s'adapter aux nouvelles technologies, à la concurrence ou encore aux nouveaux usages/besoins qui se développent.

Le capital humain doit être mis au cœur de l'entreprise : chacun a son niveau contribue à la réussite du collectif… et si tout le monde est performant, votre entreprise reste compétitive, voire même devient leader grâce à vos innovations !

En formant vos équipes, vous leur envoyez deux signaux forts :

- Vous avez confiance en vos collaborateurs, et vous investissez dans le développement de leurs compétences ce qui contribue à leur fidélisation dans votre entreprise ;
- Vous avez confiance en l'avenir et vous poursuivez le développement de votre business en misant sur le capital humain.

Sensibilisez en interne aux bienfaits de la formation !

Pourquoi former vos collaborateurs ?

- Développer de nouvelles compétences en interne,
- Fidéliser vos équipes et montrer votre confiance en eux,
- Favoriser des promotions internes,
- Rester compétitif,
- Être innovant dans votre secteur.

Pourquoi se former en entreprise ?

- Garantir son employabilité,
- Renforcer des compétences ou en développer de nouvelles,
- S'ouvrir de nouvelles perspectives en interne ou en mobilité externe,
- Devenir expert d'un domaine,
- Changer de cap en cours de carrière, etc.

En entreprise, les RH doivent prendre leur bâton de pèlerin et sensibiliser chaque collaborateur aux avantages à se former tout au long de sa carrière. Cela peut passer par des notes d'information, des tutoriels développés en interne, des entretiens réguliers sur les besoins des collaborateurs et ceux de l'entreprise, des échanges entre collaborateurs après une formation, etc.

Incitez vos collaborateurs à utiliser leur CPF, compte personnel de formation. Informez-les régulièrement sur leurs droits à se former, les modalités pour financer une formation via son CPF… et pourquoi pas consacrer ¼ d'heure avec chacun pour activer son CPF en ligne ? Et bien évidemment, tous les salariés doivent être au cœur de la stratégie de formation : les nouveaux arrivants comme les seniors en poste depuis plusieurs années ! […]

Les entreprises doivent faciliter les départs en formation des salariés

Se former, oui mais quand ? Il est essentiel pour les entreprises de faciliter les départs en formation des salariés sur le temps de travail. Les formations hors temps de travail impliquent une « double journée » pour vos salariés. Ils travaillent la semaine, se forment le soir ou le week-end. Cela peut réduire l'envie de se former, la capacité de concentration et le dynamisme de chacun tant au travail qu'en formation… ce qui n'est bénéfique pour personne.

Avec le plan de développement des compétences, vous pouvez anticiper les temps de formation et ainsi permettre la continuité de votre activité tout en garantissant de bonnes conditions pour se former à vos collaborateurs.

www.cpformation.com,18 mai 2021.

DOC 2 **20 % des actifs préparent une reconversion professionnelle en 2021**

2e édition du Baromètre de la formation et de l'emploi 2021 (Centre Inffo / CSA).

DOC 3 Quelle formation pour les actifs en temps de crise sanitaire et économique ?

Q1. AVEZ-VOUS SUIVI OU COMMENCÉ UNE FORMATION DEPUIS LE 1ER JANVIER 2019 ?
A tous (Base : 1 000)

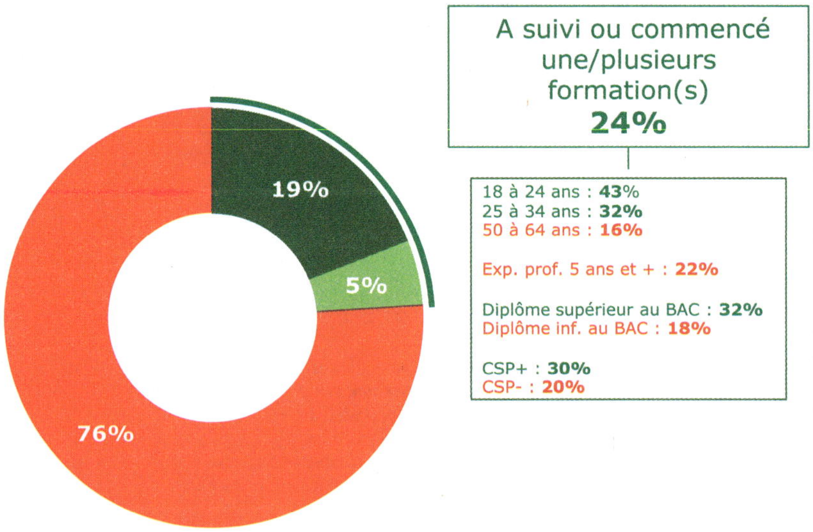

Q8. AVEZ-VOUS PRÉVU DE VOUS FORMER EN 2021 ?
A tous (Base : 1 000)

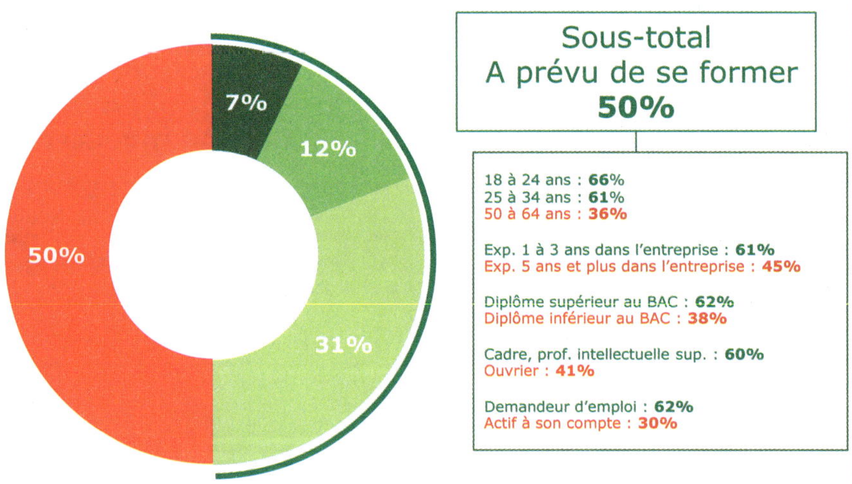

Enquête BVA – étude réalisée entre le 18 et 24 novembre 2020.

Annexe 1 Grille d'analyse

DOC. 2 **Idées principales**	
DOC. 3 **Idées principales**	

Corrigé du sujet

Partie 1 Exploitation des documents

Lisez bien les éléments qui vous sont demandés. Reportez les informations des textes dans les fiches d'analyse. N'oubliez rien car chaque élément est noté.

1. Sur votre copie, résumer en 8 à 10 lignes les idées principales du DOC. 1.

Les nouvelles technologies, les nouveaux modes de travail et l'exigence accrue des clients incitent les entreprises à former leurs salariés afin de développer et d'adapter leurs compétences. Cela crée aussi un lien de confiance entre employeur et employé qui permet de fidéliser les équipes. Du côté des salariés, se former tout au long de la vie permet de rester performant face aux nouvelles technologies et aux mutations qui arrivent dans le monde du travail. Pour certains, cela permet d'être reconnu comme expert dans un domaine.

Pour que ce modèle soit pérenne, il est nécessaire que les entreprises facilitent les départs en formation dans l'entreprise, notamment en y dédiant du temps sur la journée de travail.

2. À l'aide de vos connaissances, repérer les idées principales des DOCS. 2 ET 3, en complétant le tableau de l'annexe 1.

Voir la correction de l'annexe page suivante.

3. À l'aide des documents et de vos connaissances, répondez sur votre copie aux questions suivantes :

1. Les formations proposées par un employeur font-elles partie des critères de choix des futurs employés pour intégrer une entreprise ?

La formation est un avantage distinctif pour l'image de recruteur de l'entreprise (cela fait partie de la « marque employeur », c'est-à-dire des conditions de travail que procure l'entreprise). L'entreprise indique dans ses conditions de travail qu'elle propose des formations et/ou de faire valider des compétences professionnelles, ce qui est intéressant pour l'évolution de carrière des employés.

2. Quel est l'impact des nouvelles formes d'organisation du travail (automatisation, télétravail, etc.) sur la formation ?

Actuellement, la formation a un rôle plus crucial que jamais car les emplois se modifient, à la fois sur les quantités (nombre d'emplois proposés) et sur les aspects qualitatifs (nouvelles compétences). L'automatisation des tâches modifie grandement les besoins de qualification des salariés. Le télétravail, l'arrivée de nouveaux métiers et de nouvelles modalités de travail plus respectueuses de l'environnement ont besoin de main d'œuvre avec des qualifications spécifiques. Le vieillissement de la population entraîne aussi un besoin de formation pour les personnels les plus anciens afin de les maintenir à la pointe des compétences.

Annexe 1 Grille d'analyse

DOC. 2 **Idées principales**	Cette infographie présente les résultats de la 2e édition du Baromètre de la formation et de l'emploi 2021 édité par Centre Inffo et le CSA. En 2021, 20 % des actifs prévoient leur reconversion. 48 % des actifs ont pour projet de suivre une formation en 2021. 68 % des actifs font confiance en leur avenir contre 75 % avant la crise sanitaire soit - 8 points. On apprend que pour les actifs, la formation professionnelle est très importante : pour 90 % d'entre eux, c'est une chance d'évoluer, pour 89 %, c'est une opportunité d'améliorer leurs pratiques professionnelles. Ils se sentent responsables de leurs parcours à hauteur de 78 % (+ 14 % en un an) et 61 % sont prêts à financer eux-mêmes leur formation. Concernant le compte personnel de formation, il est connu par 85 % des actifs, cependant 58 % ne connaissent pas le montant de leurs droits et 55 % se sentent mal informés.
DOC. 3 **Idées principales**	Ces deux graphiques sont issus d'une enquête BVA. Le cabinet a réalisé une étude sur la formation entre le 18 et 24 novembre 2020. **Graphique 1** : 24 % des actifs français ont suivi ou commencé au moins une formation depuis le 1er janvier 2019 (5 % d'entre eux en ont suivi plusieurs). Les jeunes actifs ont nettement plus accédé à la formation, avec 43 % des 18-24 ans et 32 % des 25-34 ans, contre 16 % des 50-64 ans. Les diplômés (Bac +) se forment davantage que les non-diplômés. Cela se confirme : près d'un actif sur trois diplômés post-bac (32 %) a suivi une formation, alors que c'est le cas de moins d'un actif sur cinq seulement (18 %) lorsque le diplôme est inférieur au bac. **Graphique 2** : 50 % des actifs français prévoient de se former en 2021, dont 19 % ont commencé à s'informer ou se sont déjà inscrits. Âge, expérience et niveau de diplôme influent nettement sur l'intention de se former : 66 % des 18-24 ans contre seulement 36 % des 50-64 ans ; 62 % des diplômés post-bac contre 38 % pour les détenteurs de diplômes inférieurs au bac. 62 % des demandeurs d'emploi prévoient de se former en 2021.

Partie 2 Écrit structuré

Chaque partie de l'étude a un rôle bien précis (présenté dans la marge). Nous vous conseillons de respecter le plan qui a été donné dans l'énoncé avant de rédiger votre étude.

Ne négligez pas votre orthographe ni votre syntaxe.

La formation tout au long de la vie : Quels enjeux et perspectives pour les entreprises et les salariés ?

Dans une introduction, présenter la problématique, expliciter ses concepts essentiels et annoncer le plan.

1. Les avantages de la formation tout au long de la vie pour les salariés et l'entreprise
- Les avantages pour les salariés
- Les avantages pour l'entreprise

2. Les difficultés d'accès à la formation et les solutions pour y remédier
- Les problèmes pour accéder à la formation
- Les solutions proposées pour améliorer la formation tout au long de la vie

Introduction : - Accroche - Définition des termes importants - Annonce de la problématique - Énoncé du plan	**Exemple** : Depuis plusieurs années, la formation professionnelle tout au long de la vie est un thème de travail des partenaires sociaux et du gouvernement. La formation professionnelle tout au long de la vie « vise à permettre à chaque personne, indépendamment de son statut, d'acquérir et d'actualiser des connaissances et des compétences favorisant son évolution professionnelle, ainsi que de progresser d'au moins un niveau de qualification au cours de sa vie professionnelle » d'après le Code du travail. L'importance donnée à ce sujet nous amène à nous interroger sur la place de la formation professionnelle dans l'entreprise. Quels sont les avantages pour les salariés et l'entreprise elle-même ? L'accès à la formation et l'utilisation du compte personnel de formation sont-ils si faciles à mettre en œuvre ? Nous répondrons à cette question en dressant un constat actuel des avantages de la formation professionnelle pour l'entreprise et les salariés. Puis, nous exposerons les enjeux de la formation professionnelle et les solutions pour faciliter l'accès aux formations.

Développement : - 2 parties distinctes et argumentées - Illustrations avec situations vécues ou observées au cours des PFMP	**I. Les avantages de la formation pour les salariés et les entreprises** **1.1 Avantages pour les salariés** La formation professionnelle tout au long de la vie va permettre aux salariés de « progresser » dans leurs compétences. C'est-à-dire : - Acquérir de nouvelles connaissances ou les actualiser pour rester à la pointe de la technicité (ex. se former aux nouveaux outils de prospection pour les commerciaux). - Améliorer les performances (ex. améliorer la connaissance d'une langue étrangère et permettre ainsi de communiquer avec de nouveaux clients ou usagers). - Obtenir une nouvelle certification (ex. valider les acquis de l'expérience avec le dispositif de la VAE). - Faire face à de nouveaux changements de matériel (ex. prendre en main les logiciels de l'entreprise). **1.2 Avantages pour les entreprises** Une entreprise qui ne forme pas ses salariés est une entreprise qui ne pourra pas pallier les mutations actuelles du monde du travail telles que l'automatisation et la digitalisation des tâches. La formation professionnelle a l'avantage de : - Maintenir les salariés à la pointe de la technologie et améliorer la productivité des entreprises. - Encourager l'enrichissement personnel et professionnel car les salariés progressent professionnellement. 60 % des personnes envisagent d'utiliser leur compte personnel de formation notamment pour leur épanouissement personnel et professionnel. - Améliorer l'image de l'entreprise car une entreprise qui forme ses salariés est une entreprise responsable, tournée vers l'avenir. - Réduire le turn-over (les employés restent dans l'entreprise qui les incite à progresser), ce qui permet de stabiliser les équipes. Nous venons de voir que la formation professionnelle a de réels avantages pour les entreprises et les salariés mais des difficultés persistent pour accéder aux formations. Cependant, des solutions sont proposées. **II. Les enjeux et les solutions pour améliorer l'accès à la formation professionnelle** **2.1 Les problèmes pour accéder à la formation** - L'accès aux formations est inégal. Les salariés ne sont pas très friands à suivre une formation en dehors de leur temps de travail car cela est fatiguant et chronophage. De plus, ils sont parfois mal informés de leurs possibilités de formation. - À ce jour, les personnes les moins diplômés ont du mal à suivre une formation par rapport à des diplômés Bac+. Les actifs les plus âgés ont aussi plus de mal à se former. **2.2 Les solutions proposées pour améliorer la formation tout au long de la vie** Le CPF rencontre une appréciation très favorable des personnes qui l'ont utilisé. Les formations proposées sont généralement de bonne qualité. Des solutions existent pour qu'il soit davantage utilisé : - Développer la formation des adultes peu qualifiés, des demandeurs d'emploi et des salariés plus âgés. - Élaborer des programmes ciblés sur les adultes dont les compétences devraient devenir obsolètes à l'avenir. - Améliorer l'accès à l'information sur les possibilités de formation et l'accompagnement individuel. - Développer l'accès aux formations au moyen de subventions et de congés de formation rémunérés.
Conclusion - Réponse à la problématique - Proposition d'une ouverture du sujet	Dans notre étude, nous avons pu constater que la formation tout au long de la vie est un réel avantage pour les salariés et les entreprises. Nous pouvons donc conclure que l'amélioration de la formation est devenue un facteur de progrès déterminant pour une entreprise. Doit-elle en faire un axe déterminant et développer des actions qui seraient partie prenante de la responsabilité sociale des entreprises ?

Entraînement au BAC

Mes notes

LEXIQUE

Audit : examen ou contrôle de la gestion et des conditions de fonctionnement d'une entreprise ou de l'un de ses services.

Avantage concurrentiel : compétence décisive et durable détenue par une entreprise, qui améliore sa position concurrentielle et conduit à une rentabilité supérieure à celle de ses concurrents.

Balance commerciale : (des biens et services) la différence entre les exportations et les importations. Une balance positive indique que les exportations dépassent en valeur les importations (excédent commercial). Une balance négative indique que les importations dépassent les exportations (déficit commercial).

Bien immatériel : bien qui n'est pas tangible, c'est-à-dire qui ne peut être touché, contrairement à un bien physique, un objet.

Bien matériel : objet qui a une existence physique.

Big Data : données massives liées au développement des nouvelles technologies. Ensemble de donnée devenus si volumineux qu'il dépasse l'intuition et les capacités humaines d'analyse et même celles des outils informatiques classiques de gestion de base de données ou de l'information.

Budget de l'État : ensemble des documents, votés par le Parlement, qui prévoient et autorisent la perception de l'impôt (ressources/recettes de l'État) et les dépenses publiques, pour une année. Le budget de l'État permet aux pouvoirs publics de fonctionner.

Certification : procédure destinée à faire valider par un organisme indépendant le respect du cahier des charges d'une organisation par une entreprise.

Charge de la dette : ensemble des dépenses de l'État consacrées au paiement des intérêts de sa dette.

Chômage : situation d'une personne qui, souhaitant travailler et ayant la capacité de le faire (âge, notamment), se trouve sans emploi malgré ses recherches.

Combinaison capitalistique : l'entreprise utilise plus de facteur capital que de facteur travail (ex. : chaîne de production, robotisation).

Combinaison travaillistique : l'entreprise utilise davantage de facteur travail que de facteur capital (ex. : lorsqu'une tâche nécessite beaucoup de main-d'oeuvre).

Commerce extérieur : ensemble des activités liées aux importations et aux exportations d'un pays. Cet indicateur permet de mesurer la compétitivité des produits du pays.

Compétence : savoirs (connaissances), savoir-faire (pratiques) et savoir-être (comportements relationnels) mis en œuvre pour travailler.

Compte personnel de formation (CPF) : permet à toute personne, salariée ou demandeur d'emploi, de suivre une action de formation de son choix grâce à une somme d'argent cumulée tous les ans dès l'entrée dans la vie professionnelle, tout au long de sa carrière et jusqu'au départ en retraite.

Consommations intermédiaires : biens et services que l'entreprise achète et qu'elle va consommer ou transformer pour produire.

Consortium : groupement d'acteurs, organisations ou individus, cherchant à collaborer dans un projet commun dans le but d'obtenir un résultat.

Contrat de prestation de services : convention par laquelle une personne exécute, contre une rémunération, un travail déterminé, de façon indépendante. Le contrat de prestation de services encadre les conditions dans lesquelles le prestataire va fournir ses services à son client. À l'inverse du contrat de travail, le prestataire n'est pas placé sous un lien de subordination par rapport à son client. Il est, par définition, indépendant.

Contrat de travail : existe dès lors qu'une personne (le salarié) s'engage à travailler, moyennant rémunération, pour le compte et sous les ordres et le contrôle d'une autre personne (l'employeur), créant ainsi un lien de subordination.

Contrat de travail à durée déterminée (CDD) : ce contrat n'est possible que pour l'exécution d'une tâche précise et temporaire, et seulement dans les cas énumérés par la loi. Il ne peut avoir ni pour objet ni pour effet de pourvoir directement un emploi lié à l'activité normale et permanente de l'entreprise. Il doit obligatoirement faire l'objet d'un écrit. Conclu en dehors du cadre légal, il peut être considéré comme un contrat à durée indéterminée.

Contrat de travail à durée indéterminée (CDI) : forme normale et générale de la relation de travail. Par définition, il ne prévoit pas la date à laquelle il prend fin. Il peut être rompu sur décision unilatérale soit de l'employeur (licenciement pour motif personnel ou pour motif économique, mise à la retraite), soit du salarié (démission, départ à la retraite, rupture conventionnelle), ou encore pour une cause extérieure aux parties (ex. : cas de force majeure).

Contrat de travail temporaire (CTT) : le salarié sous contrat de travail temporaire, appelé intérimaire, est embauché et rémunéré par une entreprise de travail temporaire qui le met à disposition d'une entreprise utilisatrice pour une durée limitée. Les cas de recours prévus par la loi sont les mêmes que pour le CDD, sauf pour les contrats aidés, pour lesquels l'intérim est exclu. Le CTT ne peut avoir ni pour objet ni pour effet de pourvoir directement un emploi lié à l'activité normale et permanente de l'entreprise.

Création de valeur : consiste, d'une part, à accroître la productivité de l'entreprise et, d'autre part, à rechercher une croissance durable et rentable.

Croissance économique : accroissement sur une période plus ou moins longue des quantités de biens et services produits par les agents économiques dans un pays. Il y a des phases d'accélération de la croissance, des phases de ralentissement, voire même de crise. La croissance économique est mesurée par plusieurs indicateurs qui permettent de l'évaluer et de comparer les pays entre eux.

Décloisonnement entre vie privée et vie professionnelle (ou blurring) : suppression de la frontière entre vie privée et vie professionnelle.

Délocalisation : transfert d'un service ou de production (tout ou partie) vers des pays où le coût de production est plus bas, généralement des pays éloignés où la main-d'oeuvre est peu chère (on l'appelle aussi l'externalisation offshore).

Dette publique : dette due par un État, qui regroupe l'ensemble des engagements financiers qui ont été pris par un pays et ses différentes institutions publiques pour financer leur fonctionnement. La dette publique comprend notamment les dettes de l'État, mais aussi celles de la Sécurité sociale et des collectivités territoriales.

Développement durable : le développement durable doit répondre à nos besoins présents, sans que cela empêche les générations du futur de répondre aux leurs. C'est la notion qui définit la transition et le changement dont a besoin notre planète et ses habitants pour vivre dans un monde plus équitable, en bonne santé et en respectant l'environnement.

Donnée personnelle : toute information se rapportant à une personne physique identifiée ou identifiable soit directement (ex. : nom et prénom), soit indirectement (ex. : numéro de téléphone, de plaque d'immatriculation ou de Sécurité sociale, adresse postale ou courriel, mais aussi la voix ou l'image).

Droit à la déconnexion : régulation par le droit de l'utilisation du numérique par les salariés à des fins professionnelles pour leur assurer des temps de repos.

E-learning : formation à distance réalisée au moyen d'Internet.

Externalisation : cette action consiste, pour une entreprise, à faire réaliser certaines tâches par des agents économiques extérieurs, par recours à la sous-traitance pour certaines activités complexes ou non productrices de valeur ajoutée.

Facteurs de production : éléments de base nécessaires à la production : les matières premières, le facteur travail, le facteur capital.

Flexibilité du travail : possibilité pour un salarié de moduler son lieu de travail ou ses horaires en fonction de ses contraintes personnelles ou de leur charge de travail.

Flexibilité : souplesse de l'organisation et des moyens de production d'une entreprise pour répondre aux fluctuations de la demande et aux évolutions de l'environnement technicoéconomique.

Fonctions économiques de l'État : se divisent en 3 catégories, la fonction d'allocation des ressources (face à des défaillances du marché, l'État intervient pour améliorer l'efficacité économique en se substituant au marché), la fonction de redistribution (dans un objectif de justice et de cohésion sociale, l'État cherche à modifier la répartition des richesses et à réduire les inégalités), et la fonction de régulation (l'État intervient pour assurer la stabilité de l'activité économique, tout en cherchant à maîtriser l'évolution des prix et l'équilibre extérieur).

Formation continue : formation suivie par des personnes ayant terminé leurs études initiales et étant déjà diplômées.

Formation initiale : cursus au cours duquel un jeune, sous statuts scolaires et universitaires, apprend les bases d'une profession. À la fin, il dispose des compétences et savoirs nécessaires pour exercer son métier.

Formation tout au long de la vie : activités d'apprentissage entreprises au cours de la vie dans le but d'améliorer des connaissances, des aptitudes et des compétences dans des domaines personnels, civiques, sociaux ou liés à l'emploi.

Gains de productivité : amélioration de l'efficacité des facteurs de production durant une période donnée, c'est-à-dire conservation d'un certain niveau de production en utilisant moins de moyens ou utilisation de ces moyens pour produire plus.

Gamification : consiste à transposer les mécaniques du jeu dans un domaine non ludique, pour résoudre des problèmes de la vie réelle ou améliorer une offre. Elle vise à rendre plus ludiques des activités qui ne sont pas considérées comme des jeux. Le terme « ludification » peut aussi être employé.

Indicateur : donnée chiffrée qui permet de mesurer et comparer certaines dimensions d'une activité.

Indicateurs de performance : données quantifiables sur un certain nombre d'éléments-clés de l'entreprise. Ils sont à la fois un outil de mesure de la santé de l'entreprise et un outil d'aide à la décision.

Indice de développement humain (IDH) : indicateur qui prend en compte l'espérance de vie, le niveau d'éducation et le temps de loisirs pour évaluer le niveau de développement d'une population.

Inflation : hausse généralisée et durable des prix, source de baisse de pouvoir d'achat.

Innovation : action d'innover, c'est-à-dire d'introduire quelque chose de nouveau : il peut s'agir d'une évolution significative d'un produit, d'un service ou d'un processus de fabrication...

Investissement : dépense destinée à augmenter les capacités de production ou à diminuer les coûts.

Lien de subordination : l'employeur exerce son pouvoir de direction sur le salarié. Il a le pouvoir de donner des directives, d'en contrôler l'exécution et d'en sanctionner la mauvaise exécution.

Normes de certification : document détaillant les exigences spécifiques et précises à suivre pour atteindre un certain niveau d'efficacité ou de qualité. L'obtention de la certification donne une assurance écrite qu'un produit, un processus ou un service est conforme à des exigences spécifiées, à certaines « normes ». La certification doit être délivrée par une tierce partie.

Notoriété : mesure, pour une marque, une entreprise, le fait d'être connue par les consommateurs. Il s'agit de sa renommée.

Performance économique : capacité d'une entreprise à atteindre les objectifs économiques qu'elle s'est préalablement fixés.

Performance environnementale : indique l'engagement de l'entreprise dans les domaines environnementaux. Pour l'AFNOR, la performance environnementale doit inclure « la lutte contre le changement climatique et la protection de l'atmosphère ; la préservation de la biodiversité, des milieux et des ressources ainsi que la promotion de modes de production et de consommation responsables ».

Performance globale de l'entreprise : ensemble des résultats obtenus par l'entreprise aux niveaux économique, social et environnemental.

Performance sociale : capacité d'une organisation à atteindre des objectifs liés au bien-être des salariés et à la qualité des rapports sociaux au sein de celle-ci.

PIB par habitant : mesure le niveau de vie des habitants d'un pays. Il est égal au PIB total/nombre d'habitants. Cet indicateur facilite les comparaisons de richesses créées entre les pays.

Politique conjoncturelle : a un objectif à court terme pour maintenir les grands équilibres économiques.

Politique économique : *ensemble de décisions cohérentes prises par les pouvoirs publics pour atteindre des objectifs et réduire les déséquilibres existants (chômage important, baisse de l'activité des entreprises, détérioration du pouvoir d'achat...) à l'aide de divers instruments. La politique économique cherche à orienter l'économie dans un sens souhaitable à plus ou moins long terme.* Politique structurelle : se traduit par des objectifs à long terme. Elle cherche à modifier les structures de l'économie pour les rendre plus efficaces à l'avenir.

Position concurrentielle : place d'une entreprise, d'une marque ou d'un produit analysé dans son espace concurrentiel en termes de part de marché, d'image, de forces et de faiblesses, d'opportunités et de menaces.

Production : ensemble des biens et des services produits par une entreprise.

Productivité : rapport entre une production et le nombre de facteurs de production mis en œuvre pour l'obtenir. Pour améliorer leur productivité, les entreprises ont le choix de modifier leur combinaison productive ou de réaliser des investissements et de profiter ainsi du progrès technique qui améliore les méthodes de production.

Produit intérieur brut (PIB) : indicateur qui correspond à la somme des valeurs ajoutées (VA). Le PIB est souvent considéré comme l'indicateur principal de mesure de l'activité économique et de la création de richesse car il agrège la richesse créée par les différents agents économiques.

Profit : gain financier obtenu d'une opération économique. Typiquement, la différence entre le revenu de la vente d'un produit et le coût de sa production.

Progrès technique : ensemble des innovations permettant d'améliorer l'efficacité du système productif afin de créer de nouveaux produits, de nouveaux procédés commerciaux ou d'améliorer la productivité.

Projet de loi de finances (PLF) : présenté chaque année par le gouvernement à l'automne, il prend la forme d'un document unique qui rassemble l'ensemble des recettes et des dépenses de l'État pour l'année à venir. Ce projet de loi propose le montant, la nature et l'affectation des ressources et des charges de l'État, selon un équilibre économique et financier déterminé.

***Pure player* :** entreprise dont l'activité est exclusivement menée sur Internet.

Qualification professionnelle : capacité d'une personne à exercer un métier ou un poste déterminé.

Rareté des ressources : phénomène mondial lié à la raréfaction des ressources naturelles renouvelables, telles que l'eau douce, les énergies fossiles (ex. : pétrole...). La rareté des ressources pousse les entreprises à s'adapter et à revoir leurs pratiques productives.

Réactivité : capacité, rapidité de réaction d'une entreprise face à la demande.

Rémunération : somme d'argent payée en échange d'un travail ou d'un service. Il existe plusieurs types de rémunération : au salaire de base (contrepartie du travail fourni) peuvent s'ajouter un certain nombre de rémunérations individuelles et/ou collectives (primes, intéressement, participation).

Répertoire national de la certification professionnelle (RNCP): permet de répertorier toutes les formations et titres certifiés par le CNCP (commission nationale de la certification professionnelle).

***Reporting* :** action consistant à rendre compte de ses performances et de ses actions. Le *reporting* peut concerner un ou plusieurs thèmes.

Responsabilité sociale des entreprises (RSE) : intégration volontaire par les entreprises de préoccupations sociales et environnementales à leurs activités et leurs relations avec leurs parties prenantes. Elle se traduit par des pratiques permettant d'être économiquement viable, tout en cherchant à avoir un impact positif sur la société et sur le respect de l'environnement. La RSE contribue ainsi au développement durable, prend en compte les attentes des parties prenantes et respecte les lois en vigueur.

Risques : tous les éléments pouvant conduire à perdre de l'argent suite à une décision.

Salarié : personne physique liée à un employeur par la conclusion d'un contrat de travail et par une relation de subordination permanente.

Sous-traitance : transfert d'activités d'une entreprise vers un prestataire externe spécialisé appelé le sous-traitant.

Statut indépendant : le travailleur indépendant est lié par un contrat de prestation de services avec l'entreprise ou la personne pour laquelle il exécute sa mission.

Statut salarié : le salarié se définit comme une personne physique liée à un employeur par la conclusion d'un contrat de travail et par une relation de subordination permanente.

Taux de chômage : rapport entre le nombre de chômeurs et la population active (personnes ayant un emploi et demandeurs d'emploi).

Télétravail : activité professionnelle salariée exercée à distance (d'une entreprise), grâce aux outils de télécommunication.

Tiers-lieu : espace de travail collaboratif ou partagé qui permet de travailler à distance et/ou à proximité de son domicile dans des conditions favorables (ex. : espace de co-working). Deux enjeux majeurs : favoriser des formes de travail collaboratives, créatives et innovantes et mieux gérer les mobilités liées au travail.

Travail à distance : travail effectué en dehors du lieu où le résultat du travail est attendu, généralement les locaux de son employeur, grâce aux technologies de l'information et de la communication (Internet, téléphonie mobile, etc.).

Travail collaboratif : à la différence du travail coopératif, il n'y a pas répartition des rôles, le travail se fait en collaboration du début jusqu'à la fin. Ce travail alterne communication asynchrone et synchrone ; en effet, il faut que les membres du groupe communiquent régulièrement entre eux, mais également qu'ils aient chacun une connaissance précise de la progression de l'action collective. Ce travail engage la responsabilité du groupe, car le travail individuel n'est pas identifiable.

Travail coopératif : plusieurs personnes coopèrent pour effectuer un travail commun, et se partagent les tâches. C'est donc une addition de travaux individuels, nécessitant un travail hiérarchiquement organisé et planifié. Le mode de communication utilisé est plutôt asynchrone, à cause des tâches individuelles réparties, cependant le travail synchrone n'est pas impossible. Ce travail engage la responsabilité de chacun, car le travail est facilement identifiable.

Travailleur indépendant / non salarié : entrepreneurs individuels, artisans, commerçants, travailleurs relevant d'une profession libérale... Le travailleur indépendant travaille à son compte pour différentes entreprises. N'ayant pas le statut de salarié, il doit assurer lui-même le paiement des cotisations sociales dont il est redevable auprès de la Sécurité sociale des Indépendants, ainsi qu'auprès de l'URSSAF pour la CSG, la CRDS et les cotisations d'allocations familiales.

Valeur ajoutée : indicateur qui mesure le supplément de valeur qu'une entreprise, grâce à son activité, est capable d'apporter à un bien ou à un service provenant d'un tiers (son fournisseur). Elle est égale au chiffre d'affaires de l'entreprise moins ses consommations intermédiaires (biens/services utilisés durant le processus de production).

Validation des acquis de l'expérience (VAE) : mesure permettant à toute personne, quels que soient son âge, son niveau d'études, son statut, de faire valider les acquis de son expérience professionnelle pour obtenir un diplôme, un titre ou un certificat de qualification professionnelle.

Crédits iconographiques

Couverture : D. Gorodenkoff Productions / Getty Images ; G. Daniel Laflor / Getty Images.

p. 9 : © MICHELIN 2021 - Françoise LANOE - p. 19 : © Agence IDIX - p. 24 : Réseau Anact-Aract - p. 38 : © Novethic - p. 44 : Konica Minolta France - p. 45 : © Niviere/ABC/Andia.fr - p. 51 : © Coppee Patrice/ABACA - p. 54 : Félé - p. 55 : © Fix (www.fix-dessinateur.com) - p. 59 : Adobestock / Le Cercle des Entrepreneurs - p. 60 : Institut des sciences du Digital, Management & Cognition, Freepik - p. 62 : Cysco Systems France - p. 73 : Sachs, J., Kroll, C., Lafortune, G., Fuller, G., Woelm, F. (2021). The Decade of Action for the Sustainable Development Goals: Sustainable Development Report 2021. Cambridge: Cambridge University Press - p. 74 : Eurostat - p. 76 : © Chappatte, Le Temps, Suisse - www.chappatte.com ; © Chappatte, Le Temps, Suisse - www.chappatte.com - p. 83 : © Stephane AUDRAS / REA - p. 89 : Visactu - p. 90 : Visactu - p. 92 : ANDREW CABALLERO-REYNOLDS / AFP - p. 111 : © Laurence SAUBADU, Paul DEFOSSEUX / AFP - p. 113 : Visactu - p. 118 : Réseau Anact-Aract - p. 120 : LP/infographie ; Graphique n°3 extrait de : Hauret, L., Martin, L. (Ed.) (2020). L'impact du télétravail imposé par le confinement du printemps 2020 sur l'usage des outils digitaux et les compétences digitales. LISER, Policy Brief n°12, 8 p. - p. 134 : © Delvallé - p. 140 : © Edenred.D.R. - p. 143 : © na! - www.dessinateur.net ; © René Cannella - p. 149 : © Groupe Cegos - p. 150 : © Dircom Cnam - Janvier 2020 - p. 152 : Groupe Abilways - p. 163 : Centre Inffo 2021 - p. 164 : BVA 2020

Pour tous les autres visuels : Adobe Stock

Crédits vidéos interactives

p. 9 © MICHELIN 2021 - p. 27 © M6 Vidéo Bank / 12h45 - p. 45 Learn Assembly - p. 63 Dessine-moi l'éco / Sydo - p. 83 Ministère de l'Économie, des Finances et de la Relance - p. 103 Cité de l'Économie - p. 121 Portail auto-entrepreneur - p. 141 Organisation internationale du Travail (OIT)

Crédit textes

p. 82 Banque de France et Ministère de la transition écologique, 5 août 2020 ; collection ABC de l'économie de la Banque de France, Mot de l'actu : Les nouveaux indicateurs de richesse © Banque de France

Couverture : Véronique Lefebvre
Maquette intérieure : Véronique Lefebvre
Mise en pages : Grafatom
Iconographie : Aurélie Teisseire
Coordination éditoriale : Claire Hervy
Édition : Rafaëlle Gandini Miletto

Achevé d'imprimer en mars 2022 par L.E.G.O. S.p.A. Italie
Dépôt légal : mars 2022 - N° d'éditeur : MAGSI20210773